GIACOMO DE CARLO

IL PROCACCIATORE D'AFFARI IMMOBILIARI

Segreti e Tecniche per Guadagnare da Professionista nel Settore degli Immobili

Titolo

"IL PROCACCIATORE D'AFFARI IMMOBILIARI"

Autore

Giacomo De Carlo

Editore

Bruno Editore

Sito internet

www.brunoeditore.it

Sommario

Introduzione

Grazie per avere acquistato l'ebook *Il Procacciatore d'Affari Immobiliari*. Questo manuale rappresenta una vera e propria rivoluzione nella categoria, te ne accorgerai nel corso della lettura.

Si tratta di un ebook rivoluzionario perché spiega come si può diventare intermediari immobiliari senza iscriversi al relativo albo e alla Camera di Commercio locale, senza aprire la partiva IVA, senza versare i contributi all'INPS e il premio all'INAIL. Sembra assurdo, ma è possibile.

Il tutto ovviamente in modo legale e legittimo, dunque senza infrangere alcuna legge, anzi proprio in virtù di un particolare provvedimento legislativo poco conosciuto anche dagli esperti del settore.

Come apprenderai leggendo questo ebook, potrai trattare qualsiasi tipo di compravendita immobiliare, da un semplice terreno a un maestoso grattacielo, percependo poi la relativa provvigione. Sarò io a condurti per mano verso questa affascinante, ma soprattutto remunerativa, possibilità lavorativa. Sarò io a condurti per mano in un percorso progressivo, seguendo gli step qui di seguito sintetizzati.

Nel capitolo 1, dopo una breve analisi della situazione attuale del mercato del lavoro, ti spiegherò come avviare un'attività a costo zero e analizzeremo i motivi per cui risulta conveniente intraprendere tale percorso.

Il secondo capitolo sarà invece incentrato sulla figura del procacciatore d'affari immobiliari, su come opera e su quali sono le principali differenze tra la sua figura professionale e quella dell'agente immobiliare.

Ti svelerò a questo punto, nel capitolo 3, come impostare questa attività lavorativa a costo zero. Vedrai che effettivamente per iniziare non serviranno soldi, ma solamente buona volontà.

Una volta che l'avrai avviata, nel capitolo 4 vedremo come migliorare la tua attività, e ti spiegherò quindi come renderla più efficace e più efficiente.

Nel quinto capitolo ti rivelerò un metodo programmatico che realisticamente può farti guadagnare 100.000 euro in un anno, lavorando proprio come procacciatore d'affari immobiliari.

Il capitolo 6, invece, sarà dedicato al confronto tra l'attività di capital gain immobiliare con quella di procacciamento d'affari immobiliari, e saranno descritte in particolare alcune comuni situazioni problematiche e le relative soluzioni.

Nel settimo capitolo infine ti svelerò i segreti meno conosciuti, i trucchi del mestiere, che in questo settore sono tantissimi e possono davvero fare la differenza tra un bravo e un cattivo procacciatore d'affari immobiliari.

Tutto ciò che dovrai fare è leggere attentamente il libro e mettere scrupolosamente in pratica i suoi suggerimenti. Solo così potrai diventare un vero procacciatore d'affari immobiliari e dunque migliorare la tua situazione lavorativa, economica, personale e sociale.

Se vuoi contattarmi per qualsiasi motivo, per farmi delle domande, per avere delle informazioni o dei chiarimenti, puoi scrivermi una email visitando il sito di formazione immobiliare e borsistica www.borsaeimmobili.com, tramite il quale ti sarà possibile consultare e acquistare libri, articoli, prodotti e quant'altro, per raggiungere l'indipendenza economica prima e la ricchezza poi.

Buona lettura!

Giacomo De Carlo

CAPITOLO 1:

Come avviare un'attività a costo zero

Al giorno d'oggi il lavoro può essere una delle principali preoccupazioni di un individuo. Per chi non ha un'occupazione si tratta infatti di un problema a 360 gradi: una persona appena laureata, un inoccupato o un disoccupato hanno tutti lo stesso obiettivo, ovvero trovare un lavoro.

Tuttavia la propria occupazione può costituire un problema anche per chi già ne ha una, in quanto molto spesso capita di non essere completamente soddisfatti dall'attività che si svolge.

Tensioni, liti tra colleghi, stress, insoddisfazione, sono infatti ormai all'ordine del giorno per la stragrande maggioranza dei lavoratori, specialmente per quelli che operano nel settore terziario (uffici, servizi ecc.).

Molto spesso si vorrebbe quindi abbandonare la realtà lavorativa in cui si è inseriti, ma non lo si fa, perché il lavoro è fonte di sostentamento, come si suol dire, "ci dà la pagnotta". Come se non bastasse, non è assolutamente facile, specialmente al giorno d'oggi, trovare un'altra occupazione o intraprendere una qualsiasi attività lavorativa.

Questo perché ormai vi è una spietata concorrenza in tutti i settori, le macchine (in questo caso i computer) sempre più spesso sostituiscono gli esseri umani, così come avvenne con la rivoluzione industriale (la storia si ripete...) e la laurea non vale più come un tempo.

Basti pensare, ad esempio, alla situazione di un giovane laureato. Ha passato anni e anni sui libri, finalmente si laurea a pieni voti, è l'orgoglio della famiglia. Pieno di coraggio e munito di curriculum vitae in formato europeo si propone a molte aziende, enti pubblici, privati.

Nei colloqui non sbaglia un colpo, si presenta bene, ben vestito, si esprime correttamente in italiano, descrive il suo percorso di studi e qualche esperienza lavorativa, illustra la sua motivazione per quel lavoro. Il massimo che riceve è un «Le faremo sapere» che a volte lascia intendere: «Levati che fuori c'è un altro come te che deve entrare e stamattina mi toccherà ascoltarne altri 20 di colloqui come il tuo!»

Dopo mesi o anni in questa situazione il giovane laureato abbandona progressivamente l'idea di cercare lavoro finché un giorno, scoraggiato, smette del tutto. Paradossalmente a questo punto non è neanche più disoccupato.

Il disoccupato, infatti, è colui che non lavora e che cerca un'occupazione. Chi invece non ha lavoro e non lo cerca non rientra nella categoria dei disoccupati: questo la dice anche lunga sulle statistiche. Quando si sente dire che la disoccupazione è diminuita, quindi, non vuol dire necessariamente che gli ex disoccupati sono stati assunti, può anche essere che si siano stancati di cercare un lavoro!

Bisogna dunque diffidare delle statistiche, perché spesso non rappresentano la realtà in cui viviamo, e cercare di scindere sempre la propria situazione dal contesto generale.

SEGRETO n. 1: il disoccupato è colui che non ha un'occupazione e la sta cercando; chi invece non ha un lavoro e non lo cerca non è disoccupato. Diffida delle statistiche, spesso non forniscono una vera rappresentazione della realtà in cui viviamo.

Come possono fare i giovani laureati e tutti coloro che si trovano nella loro situazione, magari voi lettori, a trovare un lavoro? La risposta è che non si deve per forza "trovare" un lavoro: si può anche crearne uno.

Al giorno d'oggi, infatti, per i motivi menzionati prima, lo Stato e le aziende private hanno sempre meno personale: è insomma in atto un trend negativo per quanto riguarda le assunzioni, specialmente da quando è scoppiata la crisi nel 2007.

SEGRETO n. 2: non devi per forza "trovare" un lavoro, prova a creartene uno, soprattutto alla luce del fatto che le assunzioni, nel pubblico e privato, stanno sempre più diminuendo.

Anche crearsi un lavoro tuttavia comporta delle difficoltà che vanno tenute in considerazione: un lavoro è una cosa importante, non si può fare un salto nel buio. E il tempo e il denaro da investire in questa impresa sono due beni preziosi. Tra l'altro, il tempo è più prezioso del denaro in quanto i soldi persi possono essere recuperati, invece il tempo una volta trascorso non si può più riavere indietro.

Ricorda bene questo importante concetto, è uno dei segreti chiave delle persone di successo, di milionari e miliardari. Cerca sempre di plasmare le tue azioni alla luce di queste considerazioni e vedrai che arriverai molto lontano in termini di guadagni e di... tempo!

SEGRETO n. 3: ricordati che il tempo è più prezioso del denaro. I soldi persi, infatti, possono essere recuperati, mentre non si può far nulla per riavere indietro il tempo trascorso.

A proposito di denaro, i soldi rappresentano a parer mio il problema numero uno per chi vuole intraprendere una nuova attività, dal momento che molto spesso sono necessari per avviarla.

Ogni attività ha infatti dei costi diretti e indiretti. Tra i costi diretti rientrano l'eventuale acquisto dell'attività, il materiale da comprare, il locale da prendere in affitto, l'allaccio delle utenze (telefono, luce, rifiuti), lo stipendio di eventuali dipendenti, il commercialista ecc. Tra i costi indiretti vanno annoverate, ad esempio, le imposte e la previdenza sociale. Infatti, anche se non si incassa nulla, le leggi italiane prevedono comunque che venga versato un contributo minimo all'INPS, l'Istituto Nazionale di Previdenza Sociale.

In soldoni, l'investimento iniziale che comprende tutti questi costi è stimabile tra i 10.000 e i 20.000 euro. Per guadagnare tale cifra con l'attività appena aperta, e dunque "andare in pari", possono volerci anche decenni di duro lavoro!

Conosco persone che avviano una attività e dopo anni sono ancora sotto; non penso che tu voglia seguire il loro esempio, sinceramente neanche io. Magari anche questi imprenditori riusciranno a "sfondare", ma personalmente a me piace vedere subito dei risultati, anche piccoli, invece che sperare di guadagnare un giorno lontano un sacco di soldi. La mia filosofia coincide con il proverbio: «Meglio un uovo oggi che una gallina domani», e spero che anche tu sia della mia stessa idea.

D'altronde chi ha debiti vive male. Immagina di trovarti per anni in una situazione in cui gli sforzi profusi nel tuo lavoro non danno i risultati sperati. I creditori sono alle porte, in casa non riesci più a dedicare il tempo e la serenità di un tempo alla tua famiglia. Ti senti ogni giorno sempre più logorato, inizi a odiare gli altri e ad avercela con il mondo intero.

Paradossalmente quell'attività che doveva farti entrare in un circolo virtuoso di ricchezza ti ha introdotto in una spirale di povertà, e ogni mese la situazione peggiora. Sei proprio tu, con il tuo lavoro, a sprofondare sempre di più in questa spirale, uscirne sarà sempre più difficile e costoso.

Ti senti depresso, stanco e deluso da quella che un tempo pensavi fosse l'attività che ti avrebbe regalato la serenità economica che sognavi e tanta felicità. Per una sorta di contrappasso, ti ritrovi invece nella situazione opposta e ti domandi ogni giorno: «Chi me lo ha fatto fare?» Magari hai lasciato anche un lavoro che a confronto non era poi così male...

Penso che nessuno vorrebbe trovarsi in questa situazione, eppure moltissimi attualmente la vivono. Chiunque abbia da poco avviato un'attività probabilmente si riconosce nel quadro appena dipinto, tant'è vero che la maggior parte di queste chiude nel giro del primo anno di vita.

Oltre a ciò, bisogna considerare che esistono anche delle spese impreviste sia per quanto riguarda i costi diretti che per quanto riguarda quelli indiretti. Ricorda infatti il proverbio che recita: «Non c'è cosa più certa degli imprevisti». E queste spese non preventivate sono spesso quelle che affondano definitivamente un'attività.

SEGRETO n. 4: ogni attività ha dei costi diretti e indiretti, di cui bisogna tener conto se si vuole evitare che chiuda nel giro del primo anno di vita.

Come si fa dunque ad abbattere i costi diretti e indiretti per avviare la propria impresa? Ho detto precedentemente che ogni attività comporta determinate spese iniziali, ma in verità non è proprio così. Infatti, a una più attenta analisi, i costi diretti e indiretti sono necessari solamente nel 95% dei casi.

Rimane dunque un 5% che non richiede un investimento iniziale così importante, ed è proprio a quella quota che noi ci dedicheremo, parlando di un'attività che rientra nella categoria.

SEGRETO n. 5: il 5% delle imprese non comporta costi iniziali. Questo ebook è dedicato appunto a un'attività che rientra in quella quota.

L'attività lavorativa di cui sto per parlarti può regalare grandissime soddisfazioni economiche, professionali, personali e sociali, permettendo la tua piena realizzazione e donandoti molto tempo libero. Il tempo, ti ricordo nuovamente, è più prezioso del denaro in quanto, una volta trascorso, non torna più indietro.

Potrai gestire questo lavoro in base alle tue esigenze e a quelle della tua famiglia, dedicandotici full time o part time, scegliendo se lavorare un'ora o dieci ore al giorno. Sarai tu stesso il tuo datore di lavoro, non dovrai timbrare cartellini e rendere conto a nessuno.

Quest'attività ti farà incontrare nuove persone e con alcune di queste potrai instaurare nel tempo rapporti di amicizia. Diventerai un punto di riferimento per molti. Vedrai che soddisfazione quando ti sarà affidato un nuovo lavoro da un cliente contento della tua precedente prestazione.

In ogni caso, cominciamo a entrare nel dettaglio e chiariamo che opererai nel settore immobiliare. Ho scelto proprio questo perché si tratta di un campo in cui girano molti soldi, dal momento che un qualsiasi immobile ha un costo davvero elevato. A volte non basta una vita per comprare una casa, dunque certamente stiamo parlando di cifre senz'altro considerevoli.

Inoltre, si tratta di un settore che storicamente tiene di più anche nei periodi di crisi, come dimostrano parametri quali il rapporto domanda/offerta, il rapporto rischio/rendimento, la sicurezza dell'investimento ecc. Ecco perché gli immobili hanno da sempre attirato gli investimenti delle persone: perché costituiscono una garanzia.

SEGRETO n. 6: investire nel settore immobiliare costituisce una garanzia anche nei periodi di crisi. Lo dimostra il rapporto tra domanda e offerta o il rapporto tra rischio e rendimento.

Gli immobili, che si tratti di monolocali o ville con piscina, non tradiscono. In Italia, ad esempio, a quattro anni dalla crisi del 2007, facendo una media fra tutte le stime, il prezzo degli immobili è sceso solamente del 5-10%. Non male se, ad esempio, lo confrontiamo con i cali decisamente più consistenti del settore commerciale.

Dunque l'immobiliare ha tenuto di più. Questo significa che ci sono stati sempre dei compratori disposti ad acquistare e dei venditori disposti a vendere, c'è stato insomma il famoso incontro tra domanda e offerta. Gli immobili sono come una sorta di catalizzatore degli investimenti delle persone.

Nel settore commerciale, invece, il numero dei venditori è rimasto lo stesso, ma sono diminuiti i compratori, per cui si è registrato un calo.

Il motivo è molto semplice: di un tetto sopra la testa c'è sempre bisogno, di un oggetto molte volte futile o che già si possiede no. I ragionamenti sono stati più o meno questi: «Mi tengo la macchina per altri due anni», oppure «Ho già un vestito simile a questo» e così via. Dunque non si comprava, e non si compra tuttora. Molti analisti stimano infatti che per uscire definitivamente dalla crisi iniziata nella seconda metà del 2007 siano necessari ancora molti anni.

La crisi però ha solo scalfito il settore immobiliare, che è rimasto solido come i mattoni di cui i palazzi sono costruiti.

Il motivo per cui è quindi più opportuno lavorare in questo campo mi sembra evidente: almeno nella nostra nazione, l'immobiliare ha sempre mostrato maggior tenuta, sia nei prezzi che nei volumi. Gli immobili scontano infatti l'inflazione reale, mentre le statistiche forniscono dati che non rispecchiano fedelmente la realtà: per farla breve, con l'avvento dell'euro il costo della vita è raddoppiato, mentre l'inflazione no!

SEGRETO n. 7: di una casa c'è sempre bisogno. Dato che il settore immobiliare ha subito meno gli effetti della crisi, risulta un campo più sicuro e proficuo in cui operare.

Per una casa, insomma, c'è sempre interesse, poiché gli immobili mantengono il proprio valore e anzi lo rivalutano automaticamente nel tempo, alla pari del reale costo della vita. Ecco perché costituiscono una garanzia per tutti coloro che operano nel settore, dall'imprenditore edile alla donna delle pulizie, fino all'agente immobiliare, passando per l'interior designer e tutte le altre figure coinvolte anche indirettamente nella costruzione e gestione degli immobili.

Il lavoro che questo ebook ti illustrerà è quello del procacciatore d'affari immobiliari. "Procacciare" significa "trovare, cercare, ricercare", mentre con l'espressione "affari immobiliari" si intendono le compravendite di immobili. Dunque, il compito del procacciatore sarà quello di cercare potenziali acquirenti cui proporre l'acquisto di appartamenti, ville, magazzini. Il lavoro verrà retribuito tramite una percentuale sull'affare direttamente dal venditore dell'immobile.

Non sarà necessario seguire tutto l'iter della compravendita fino al rogito notarile, bisognerà semplicemente trovare un acquirente per un immobile già in vendita. Basta. Si opera nel campo delle intermediazioni immobiliari, ma si ottengono maggiori benefici rispetto alle classiche figure che lavorano nel settore, come vedremo proseguendo nella lettura di questo ebook.

Il vantaggio principale sta nel fatto che, per esercitare questa attività, non è necessario essere iscritti a nessun albo, a differenza degli agenti immobiliari, per i quali invece l'iscrizione è per legge subordinata al superamento di un esame. Si tratta di un vantaggio di non poco conto, soprattutto in termini di tempo.

Inoltre, come ho detto prima, per iniziare questa attività non è necessario aprire la partita IVA, iscriversi alla Camera di Commercio locale, versare i contributi all'INPS e il premio all'INAIL.

Per di più si tratta di un'attività, come vedrai, per la quale non esistono limiti nelle dimensioni dell'immobile con cui operare, anzi più questo è grande meglio è. Da procacciatore d'affari immobiliari potrai infatti trattare qualsiasi tipo di immobile, da un semplice terreno fino a un maestoso centro commerciale o a un grattacielo.

È ovvio, ma ci tengo a sottolinearlo, che questa attività è regolamentata dalle leggi dello Stato italiano come qualsiasi altra, sia negli aspetti tecnici che negli aspetti retributivi e fiscali, come vedremo nel secondo capitolo.

Si tratta, tuttavia, di regole poco conosciute anche dagli addetti ai lavori, figuriamoci dalle persone estranee a questo campo. È normale quindi che sia un'attività poco praticata: meglio così, perché c'è meno concorrenza.

Come già detto, per avviare tale attività avrai bisogno di zero euro, servirà solamente la passione, la motivazione e la determinazione. Potrai concludere il primo affare e dunque percepire in modo legale e legittimo tramite ritenuta d'acconto la relativa percentuale sulla compravendita senza aver speso di tasca tua un centesimo.

SEGRETO n. 8: il lavoro di procacciatore d'affari è una attività che può essere avviata a costo zero e che può portare a grandi guadagni in poco tempo e in modo legale.

Questo è, secondo me, il principale vantaggio di questa occupazione: non ci sono costi di avviamento dell'attività. Pensando poi a quanto si può guadagnare, i vantaggi diventano ancora più evidenti e vale davvero la pena di provare a esercitare questa professione. Se poi l'attività non dovesse decollare o se non facesse al caso nostro, non avremo comunque perso nulla.

Qualora invece le cose dovessero andar bene, tutti gli eventuali guadagni saranno nostri, non dovremo dare una parte del meritato guadagno ad agenzie o a un superiore. Ricordo quando, giovanissimo, andai a fare un colloquio per una nota agenzia immobiliare e chiesi quanto spettava all'agente in caso di vendita. L'esaminatore mi rispose che all'agente toccava il 10% della totale percentuale percepita dall'agenzia, cioè il 3% dal venditore e il 3% dall'acquirente. Dunque, a fronte di un totale 6% incassato dalla agenzia, a me sarebbe spettato solamente lo 0,6%! In soldoni, escludendo l'IVA, se avessi venduto una casa da 300.000 euro, a me sarebbero andati solo 1.800 euro mentre all'agenzia 16.200 euro. Un po' sproporzionato, no?

Lavorando in proprio da procacciatore d'affari immobiliari, facendo riferimento all'esempio precedente, avrei invece percepito il 3% e dunque avrei guadagnato 9.000 euro invece che 1.800. Ben 7.200 euro in più dalla vendita della stessa casa! Ricapitolando:

PREZZO CASA	AGENTE	PROCACCIATORE D'AFFARI
300.000 €	1.800 €	9.000 €

Come vedi, a volte la vita è questione di scelte. Proseguendo nella lettura dell'ebook potrai scoprire come avviare questa fantastica attività e sfruttare una possibilità di guadagno servita su un piatto d'argento. L'informazione è importante, la formazione lo è di più. "Informazione *volat,* formazione *manet*".

RIEPILOGO DEL CAPITOLO 1:

- SEGRETO n. 1: il disoccupato è colui che non ha un'occupazione e la sta cercando; chi invece non ha un lavoro e non lo cerca non è disoccupato. Diffida delle statistiche, spesso non forniscono una vera rappresentazione della realtà in cui viviamo.
- SEGRETO n. 2: non devi per forza "trovare" un lavoro, prova a creartene uno, soprattutto alla luce del fatto che le assunzioni, nel pubblico e privato, stanno sempre più diminuendo.
- SEGRETO n. 3: ricordati che il tempo è più prezioso del denaro. I soldi persi, infatti, possono essere recuperati, mentre non si può far nulla per riavere indietro il tempo trascorso.
- SEGRETO n. 4: ogni attività ha dei costi diretti e indiretti, di cui bisogna tener conto se si vuole evitare che chiuda nel giro del primo anno di vita.
- SEGRETO n. 5: il 5% delle imprese non comporta costi iniziali. Questo ebook è dedicato appunto a un'attività che rientra in quella quota.
- SEGRETO n. 6: investire nel settore immobiliare costituisce una garanzia anche nei periodi di crisi. Lo dimostra il rapporto

tra domanda e offerta o il rapporto tra rischio e rendimento.

- SEGRETO n. 7: di una casa c'è sempre bisogno. Dato che il settore immobiliare ha subito meno gli effetti della crisi, risulta un campo più sicuro e proficuo in cui operare.
- SEGRETO n. 8: il lavoro di procacciatore d'affari è una attività che può essere avviata a costo zero e che può portare a grandi guadagni in poco tempo e in modo legale.

CAPITOLO 2:
Come diventare procacciatore d'affari immobiliari

Dopo aver dato un primo e veloce sguardo ai tanti e fantastici aspetti di questa attività, nonché alle sue potenzialità, entriamo nel dettaglio spiegando chi è il procacciatore d'affari immobiliari, cosa fa e qual è la legge che rende possibile l'esercizio di questa professione.

Il procacciatore d'affari immobiliari è colui che si occupa di trovare un acquirente per un immobile. In cambio di ciò percepisce come provvigione una percentuale sul prezzo di vendita.

Esistono due tipi di procacciatore d'affari: il procacciatore d'affari occasionale e il procacciatore d'affari continuativo. Tra queste due figure intercorrono delle differenze, a volte piuttosto rilevanti, e le esamineremo più avanti.

Leggendo la definizione del mestiere del procacciatore d'affari immobiliari, sembrerebbe che si tratti di un agente immobiliare: non è così, anzi vedremo che le differenze con questa figura sono molteplici sia per quanto riguarda il metodo che per quanto riguarda lo stile.

SEGRETO n. 9: il procacciatore d'affari immobiliari, sia esso occasionale o continuativo, è colui che si occupa di trovare un acquirente per un immobile e in cambio della sua intermediazione percepisce per provvigione una percentuale sul prezzo di vendita.

Parleremo intanto del procacciatore d'affari occasionale, in quanto per iniziare l'attività a costo zero è necessario iniziare da qui. Chi svolge infatti l'attività di procacciamento d'affari in maniera occasionale non è obbligato ad aprire la partiva IVA, a iscriversi alla Camera di Commercio locale, a versare i contributi all'INPS e il premio all'INAIL.

IVA, Camera di Commercio, INPS e INAIL sono quattro macigni che gravano sulla testa ma soprattutto sul portafoglio di chiunque voglia iniziare a lavorare. Evitarli in modo legale mi sembra un vantaggio non da poco, anche perché è proprio a causa di questi oneri che nel giro del primo anno di vita il 90% delle attività fallisce. E il fallimento si porta dietro solamente debiti, delusioni e frustrazioni.

Sicuramente il fatto di iniziare a lavorare senza dover fare i conti con questi quattro macigni non solo costituisce un vantaggio, ma può dare anche quella spinta in più che, a parità di tutto, può fare la differenza. È come correre liberi invece che arrancare con quattro pietre legate al piede...

Tutto questo ripeto è assolutamente legale. A tal proposito, vorrei fare una riflessione: conoscere la legge è molto importante, anche perché questa non ammette l'ignoranza. Inoltre, se si ha cognizione delle regole che governano lo Stato, si possono cogliere delle occasioni di cui quelli che invece le ignorano purtroppo non potranno mai approfittare.

A proposito di legge, l'articolo del Codice Civile che descrive l'attività del procacciatore di affari occasionale è il 2222: la figura professionale di cui stiamo parlando viene definita come colui che «si obbliga a compiere un'opera o un servizio, con lavoro prevalentemente proprio, senza vincolo di subordinazione e senza alcun coordinamento del committente».

Ciò che salta subito all'occhio è che con questa formula si può vendere qualsiasi cosa. Sì, hai capito bene: qualsiasi cosa. E dunque anche gli immobili. Il procacciamento d'affari occasionale è come una bomba che una volta esplosa, invece che detriti, proietta soldi, tanti soldi, a volte tantissimi soldi.

SEGRETO n. 10: chi svolge l'attività di procacciamento d'affari occasionale può vendere qualsiasi cosa e non è obbligato ad aprire la partiva IVA, iscriversi alla Camera di Commercio locale, versare i contributi all'INPS e il premio all'INAIL.

L'articolo 2222 del Codice Civile inoltre sottolinea il carattere occasionale dell'attività. Infatti è proprio in virtù di questa caratteristica che non si è obbligati ad adempiere agli oneri fiscali di cui abbiamo fatto menzione.

Il procacciatore d'affari continuativo, invece, poiché svolge tale attività in modo continuato, deve obbligatoriamente aprire la partiva IVA e iscriversi al registro delle imprese della Camera di Commercio locale entro trenta giorni dall'inizio dell'attività lavorativa, allegando alla domanda di iscrizione la copia della lettera d'incarico, di cui parleremo più avanti.

Inoltre, per percepire la provvigione sulla vendita dovrà emettere una fattura e registrarla nel registro delle fatture emesse. Infine dovrà tenere una contabilità fiscale e sarà soggetto agli studi di settore.

Il procacciatore d'affari occasionale, invece, al fine di percepire la provvigione sulla vendita, emetterà una semplice ricevuta soggetta a ritenuta d'acconto più marca da bollo se l'importo è superiore a 77,47 euro. Stop. Non male direi. Mi sembra un ottimo modo per iniziare, non credi?

Tra l'altro non è il valore del compenso che stabilisce se si è procacciatori d'affari occasionali o procacciatori d'affari continuativi. Si può percepire una provvigione alta ed essere procacciatori d'affari occasionali. Di converso si può percepire una provvigione bassa ed essere procacciatori d'affari continuativi.

Per quanto riguarda l'INPS, il procacciatore d'affari continuativo è obbligato a versare un minimo mensile di circa 200 euro anche se il suo reddito annuale è pari a zero. Se poi supera la soglia di 13.345 euro, è obbligato a versare il 18% sulla parte eccedente.

Il procacciatore d'affari occasionale, invece, se il suo reddito è inferiore a 5.000 euro all'anno, non deve versare nulla. Solamente nel caso in cui il totale delle provvigioni al netto delle spese risulti superiore a tale soglia il procacciatore d'affari occasionale dovrà iscriversi alla gestione separata dell'INPS.

Per quanto riguarda l'INAIL, entrambe le figure sono esonerate dall'iscriversi, e dunque non sono tenute a versare alcun premio.

Quanto all'IRPEF, ovvero le tasse che bisogna pagare al fisco, il procacciatore d'affari continuativo e quello occasionale saranno soggetti a ritenuta d'acconto del 23% sul 50% delle provvigioni e potranno dedurre le spese inerenti la loro attività compilando i vari campi della dichiarazione dei redditi.

Ora che abbiamo inquadrato meglio la figura del procacciatore d'affari occasionale e continuativo, specialmente per quanto riguarda l'IVA, la Camera di Commercio, l'INPS, l'INAIL e il fisco, vediamo quali sono le principali differenze tra la sua figura e quella dell'agente immobiliare.

Al giorno d'oggi, se si vuole intraprendere la carriera di agente immobiliare, è indispensabile possedere il titolo di studio di scuola media superiore, partecipare a un corso abilitante svolto presso le associazioni di categoria e superare un esame in Camera di Commercio. Inoltre non bisogna avere condanne per determinati reati e non si deve essere soggetti a misure di prevenzione contro la delinquenza mafiosa.

Se si è in possesso di tutti questi requisiti e si vuole intraprendere la carriera di agente immobiliare, ci si può iscrivere al Ruolo degli Agenti di Affari in Mediazione, che è diviso in quattro sezioni: agenti immobiliari, agenti merceologici, agenti con mandato a titolo oneroso, agenti in servizi vari. In sostanza, si tratta dell'albo degli agenti immobiliari, anche se la denominazione non è esattamente questa. Praticamente tutti gli agenti che operano presso le agenzie sono iscritti al Ruolo degli Agenti di Affari in Mediazione.

Tale "albo" è istituito presso le Camere di Commercio e a esso sono obbligate a iscriversi le persone fisiche o le società che vogliono svolgere l'attività di mediazione immobiliare, anche se esercitata in modo occasionale o discontinuo.

Sorge quindi spontanea la domanda: allora anche chi svolge l'attività di procacciamento d'affari immobiliari in modo occasionale è obbligato a iscriversi?

La risposta è no: i procacciatori d'affari occasionali non sono obbligati a iscriversi. Ciò nonostante possono liberamente, legalmente e legittimamente esercitare la professione. Un piccolo cavillo legale che comporta una serie di vantaggi: mentre l'agente immobiliare media tra il venditore e l'acquirente, il procacciatore d'affari non svolge un ruolo di mediazione; l'unico suo compito è infatti quello di trovare un acquirente per un immobile in vendita. Stop.

Anche la Cassazione civile sezione III ha fatto chiarezza su questo punto con la sentenza n. 27729 del 16-12-2005 affermando che: «Il mediatore ed il procacciatore d'affari individuano due distinte figure negoziali – la prima tipica e la seconda atipica – che si differenziano per la posizione di imparzialità del mediatore rispetto al procacciatore, il quale, invece, agisce su incarico di una delle parti interessate, dalla quale soltanto può pretendere la provvigione, e non è soggetto all'applicazione della norma – da considerarsi eccezionale – di cui all'art. 6 della legge 3 febbraio 1989, n. 39, che presuppone l'obbligo di iscrizione nel relativo albo, previsto dalla stessa legge, al precedente art. 2, per i soli mediatori».

SEGRETO n. 11: il procacciatore d'affari non deve avere i requisiti che invece l'agente immobiliare obbligatoriamente deve possedere, ma soprattutto può non essere iscritto a nessun albo professionale. Ciò nonostante eserciterà liberamente, legalmente e legittimamente la professione.

Mentre l'agente immobiliare è infatti un mediatore, il procacciatore d'affari è un intermediario. E c'è una bella differenza, in virtù della quale, come abbiamo detto, il procacciatore d'affari, sia esso occasionale o continuativo, non è obbligato a iscriversi al Ruolo degli Agenti di Affari in Mediazione. Lo ribadisce anche la Cassazione.

Ne consegue che il procacciatore d'affari può percepire la provvigione unicamente dal venditore e non anche dall'acquirente. Potrebbe sembrare uno svantaggio, ma in realtà si tratta di un valore aggiunto; l'acquirente, infatti, oltre alla cifra enorme che deve sborsare per comprare casa ha anche tutta una serie di spese accessorie tra le quali tasse, notaio ecc. Dunque se può risparmiarsene una è meglio, sarà più propenso all'acquisto.

Tra due beni dello stesso valore un acquirente comprerà ovviamente quello per il quale non deve pagare la percentuale al mediatore, per cui un immobile che può essere comprato a queste condizioni sarà più facile da vendere. Inoltre, il fatto di non avere ulteriori spese predisporrà i potenziali acquirenti all'acquisto.

Molte compravendite ogni giorno sfumano proprio perché non si raggiunge l'accordo sul prezzo per qualche migliaio di euro: probabilmente perché quel migliaio di euro viene dato dall'acquirente all'agente immobiliare e dunque sottratto al budget destinato a soddisfare la richiesta di prezzo del venditore. Giocarsi subito la carta di non chiedere alcuna percentuale al compratore è un ottimo trucco per catturare l'attenzione e farsi prendere sul serio.

SEGRETO n. 12: è più facile che un acquirente compri una casa per la quale non deve pagare alcuna percentuale sulla intermediazione.

Detto questo, un'ultima differenza tra agenti e procacciatori riguarda la percezione sociale che si ha delle due figure professionali. Gli agenti immobiliari generalmente non godono di una buona reputazione. Sono le tantissime esperienze negative di ognuno che hanno contribuito creare la loro cattiva fama.

La colpa è di alcuni agenti immobiliari che con il loro operato spesso dimenticano la deontologia professionale e cercano solamente il profitto a ogni costo, sempre e comunque. Venalità e mancanza di professionalità macchiano in maniera indelebile alcuni operatori di questa categoria.

Racconterò a questo proposito una storia vera. Un proprietario mise in vendita una casa e, come aveva previsto, fu inondato di chiamate di agenzie varie che gli chiesero se potevano visitare l'appartamento. Il proprietario accettò volentieri chiedendo che in cambio gli dicessero il vero valore di mercato del suo immobile, ovvero a quanto secondo loro si poteva vendere l'appartamento. Tutte le agenzie ovviamente accettarono.

Nel giro di un mese valutarono la casa una dozzina di agenzie immobiliari, dalle più famose a quelle meno conosciute. Il risultato fu che, a parte alcune agenzie che effettivamente "azzeccarono" il vero valore dell'appartamento, ce ne furono non poche che sbagliarono completamente.

Alcune sopravvalutarono l'immobile, altre lo sottovalutarono. Inoltre, considerando la valutazione più bassa e la valutazione più alta, tra di esse vi era una differenza enorme, pari a più del 100%.

Cioè, ad esempio, la valutazione più bassa dell'immobile fu di 190.000 euro e quella più alta fu di 400.000 euro. Ovviamente non sono queste le cifre ma le proporzioni sono le stesse.

Ti pare possibile, quindi, che una agenzia valuti una casa a un prezzo e un'altra le dia un valore che è più del doppio di quello stimato dalla prima agenzia?

Chiunque entrerebbe nel pallone. Questa situazione si verifica perché molte agenzie tendono unicamente a fare i loro interessi e non anche quelli del proprietario e dell'acquirente. Alcune infatti sopravvalutano l'immobile per avere l'incarico di vendita da parte del proprietario mentre altre lo sottovalutano per venderlo in tempi brevissimi.

Il procacciatore d'affari, invece, non lavora in questo modo e pertanto diversa è la percezione sociale della sua professione. Ecco perché è importante presentarsi come intermediario immobiliare e non come agente immobiliare, a maggior ragione alla luce della considerazione che non si è un mediatore e non si ha nessun interesse a esserlo. Ricorda, è importante presentarsi nel modo giusto tanto per evitare equivoci quanto per essere chiari fin dall'inizio.

La chiarezza, infatti, è un requisito che in diversi ambienti professionali viene sempre meno con il passare del tempo. Una persona chiara nelle parole e nei fatti è apprezzata e ispira fiducia. Una persona invece non chiara sembra che abbia qualcosa da nascondere e provoca un sentimento di diffidenza, inaffidabilità e sfiducia.

A proposito di fiducia, dobbiamo tenere presente che in questa attività, come scoprirai tu stesso, contano molto i rapporti umani che si instaurano tra le persone. Dunque non bisogna pensare unicamente al guadagno quando si parla o si è in trattativa con qualcuno.

I rapporti umani sono fondamentali. È molto più importante essere visti come persone affidabili piuttosto che come abili professionisti del settore immobiliare. In una scala gerarchica di percezione degli individui prima viene la persona, poi il lavoro che svolge.

SEGRETO n. 13: gli agenti immobiliari non godono di una buona reputazione. È meglio presentarsi come intermediari immobiliare fin dall'inizio e mostrarsi chiari e affidabili. Ricorda, l'onore è una delle virtù più importanti.

A proposito di onore, mi viene in mente una storia che spesso mi raccontava mio nonno quando ero piccolo.

Mio nonno (che tra l'altro si chiama esattamente come me, o meglio io mi chiamo esattamente come lui) è un ex maresciallo della Guardia di Finanza ormai in pensione da parecchi anni. Un uomo che ha servito lo Stato. Durante la sua carriera da militare ha salvato delle vite umane e per questo gli è stata conferita una medaglia d'oro, che io conservo gelosamente insieme alla pergamena.

La storia cui accennavo fu raccontata da un superiore a mio nonno e a tutti i nuovi finanzieri il loro primo giorno di servizio.

C'erano una volta il Fuoco, l'Acqua e l'Onore che camminavano insieme. A un certo punto, per paura di perdersi si domandarono:

«Se ci perdiamo, come facciamo a ritrovarci?» Il Fuoco rispose: «Se mi perdete, guardate in alto nel cielo, laddove vedrete del fumo, vuol dire che io sarò lì». L'Acqua rispose: «Se mi perdete, camminate a lungo, laddove vedrete delle canne, vuol dire che io sarò lì». Rimaneva soltanto la risposta dell'Onore, il quale alla fine rispose: «Tenetemi stretto, perché se mi perdete, non mi rivedrete più!»

Ecco perché ti raccomandavo di essere sempre chiaro e affidabile: l'onore, una volta perduto, non si ritrova! Fanne la tua stella cometa: ti auguro sinceramente che possa guidarti nella carriera di procacciatore d'affari immobiliari.

Nel prossimo capitolo scoprirai finalmente come impostare e quindi avviare questa bellissima attività che ti regalerà tantissime soffisfazioni personali, lavorative, economiche e sociali. Tutto ciò, ovviamente, a costo zero!

RIEPILOGO DEL CAPITOLO 2:

- SEGRETO n. 9: il procacciatore d'affari immobiliari, sia esso occasionale o continuativo, è colui che si occupa di trovare un acquirente per un immobile e in cambio della sua intermediazione percepisce per provvigione una percentuale sul prezzo di vendita.
- SEGRETO n. 10: chi svolge l'attività di procacciamento d'affari occasionale può vendere qualsiasi cosa e non è obbligato ad aprire la partiva IVA, iscriversi alla Camera di Commercio locale, versare i contributi all'INPS e il premio all'INAIL.
- SEGRETO n. 11: il procacciatore d'affari non deve avere i requisiti che invece l'agente immobiliare obbligatoriamente deve possedere, ma soprattutto può non essere iscritto a nessun albo professionale. Ciò nonostante eserciterà liberamente, legalmente e legittimamente la professione.
- SEGRETO n. 12: è più facile che un acquirente compri una casa per la quale non deve pagare alcuna percentuale sulla intermediazione.
- SEGRETO n. 13: gli agenti immobiliari non godono di una buona reputazione. È meglio presentarsi come intermediari immobiliare fin dall'inizio e mostrarsi chiari e affidabili. Ricorda, l'onore è una delle virtù più importanti.

CAPITOLO 3:
Come impostare l'attività

Entriamo ora nel vivo del procacciamento d'affari immobiliari parlando nello specifico di questa attività e di come essa vada impostata al fine di risultare efficace ed efficiente, ma soprattutto economicamente vantaggiosa.

In questo capitolo manterrò una delle promesse fatte inizialmente: ti dimostrerò infatti che si può cominciare a lavorare come procacciatore d'affari a costo zero, come tra l'altro abbiamo già visto nel secondo capitolo a proposito della parte fiscale e contributiva.

Chi vuole iniziare l'attività di procacciamento d'affari immobiliari ha due scelte: o si appoggia a una agenzia immobiliare, collaborando con loro in quanto procacciatore, oppure intraprende questa carriera autonomamente, lavorando da solo. In entrambi i casi le spese sono ridotte a zero.

Noi comunque prenderemo in considerazione solamente la seconda ipotesi, quella cioè di non appoggiarsi a nessuna agenzia, per consentirci massima autonomia e "non avere padroni". Chi volesse invece collaborare con le agenzie immobiliari come procacciatore d'affari può rivolgersi direttamente a loro per tutte le informazioni necessarie.

Torniamo a noi. Il fatto di non dovere sborsare soldi per poter iniziare questa attività è un ulteriore elemento di distinzione rispetto alla classica agenzia immobiliare, che invece per essere avviata necessita di consistenti investimenti.

Elencherò di seguito dieci voci di spesa che deve sostenere un qualsiasi titolare per avviare e gestire una agenzia immobiliare. Ricorda che inoltre ovviamente ci sono anche i costi "statali" ovvero l'IVA, l'INPS ecc. di cui abbiamo già parlato nel secondo capitolo:

- eventuale acquisto di un franchising;
- consulenza per avviare l'attività su temi tecnici, legali, fiscali, contributivi;
- affitto o acquisto del locale dove si svolgerà l'attività;

- acquisto materiale ufficio (scrivanie, computer, telefoni, sedie, scaffali, arredamento vario ecc.);
- spese di gestione del locale e dell'attività (luce, acqua, telefono, internet, riscaldamento, pulizie ecc.);
- assunzione di dipendenti full o part time;
- eventuale formazione di questi dipendenti;
- commercialista;
- avvocato;
- varie ed eventuali (imprevisti, multe ecc.).

Da quanto appena elencato risulta evidente che solo per avviare l'attività di una agenzia immobiliare bisogna avere a disposizione una discreta quantità di denaro. Questo, come abbiamo detto nel primo capitolo, è un problema che riguarda il 95% delle attività imprenditoriali, qualunque sia il loro settore.

Una volta avviata, inoltre, qualsiasi attività necessità di altri soldi per continuare a funzionare. Dunque anche le agenzie immobiliari hanno non indifferenti spese di gestione.

Scegliendo la strada del procacciatore d'affari, non solo puoi evitare tutte le spese appena elencate per avviare e gestire l'attività, ma sei praticamente già in possesso di tutta la strumentazione necessaria a incominciare a guadagnare.

Tu infatti sarai un procacciatore d'affari immobiliari, non un agente immobiliare. Anzi, sei già un procacciatore d'affari, dal momento che, come adesso vedremo, praticamente hai già tutto ciò che serve per avviare l'attività.

SEGRETO n. 14: per avviare l'attività di agenzia immobiliare è necessario avere a disposizione una cifra ad almeno cinque zeri. Invece per avviare l'attività di procacciamento d'affari immobiliari basterà una cifra a "zero zeri".

Molto probabilmente sei già seduto nella poltrona che utilizzerai per lavorare. Infatti magari stai leggendo questo ebook comodamente seduto a casa tua. Ebbene, questa sarà il tuo ufficio. Le altre tue sedi di lavoro, se vogliamo "occasionali", saranno proprio le case che venderai.

Infatti l'ufficio serve per ricevere le persone e gli immobili che venderai loro sono il miglior luogo per accoglierle. I clienti si sentiranno proprio... a casa loro!

Dunque casa tua sarà l'ufficio da cui contattare i proprietari degli immobili, le case che avrai in vendita saranno gli uffici dove incontrerai il proprietario e i potenziali acquirenti.

Ovviamente non serve che questi appartamenti abbiano al loro interno scrivanie, computer o telefoni, non dovrai portare neanche una sedia nelle case che dovrai vendere. Queste serviranno solamente come base, come punto di appoggio per un incontro. Dunque il tuo vero ufficio sarà la tua casa, che quindi dovrà essere dotata della strumentazione di un ufficio.

D'altronde gli strumenti di lavoro li possiedi già. Infatti ti servirà solamente il computer, proprio il tuo caro e vecchio computer che hai sopra la scrivania, il cellulare, la macchina fotografica compagna di tante vacanze, e l'automobile.

La gestione del tuo ufficio non sarà dunque un costo in più poiché è già tutto in tuo possesso. Non dovrai quindi sostenere delle spese extra neanche per questa.

Hai visto? In un sol colpo, come per magia, abbiamo già risolto il problema dell'ufficio, della sua strumentazione e dei suoi costi di gestione!

SEGRETO n. 15: casa tua sarà il tuo ufficio ed è già dotata di tutta la strumentazione necessaria. La gestione della tua attività non comporterà quindi alcuna spesa aggiuntiva.

Considera inoltre che ormai la tendenza è abbandonare l'ufficio e trasferirlo in altri luoghi, prevalentemente le case dei potenziali clienti. È il caso, ad esempio, del promotore finanziario.

Ho menzionato questa figura professionale, poiché il promotore finanziario deve essere iscritto a un albo anche lui, come l'agente immobiliare. Non ci crederai, ma esiste l'equivalente del procacciatore d'affari anche per il mestiere del promotore finanziario. Se sei curioso di sapere qual è il nome di questa figura, contattami via email, al sito www.borsaeimmobili.com.

Una volta eliminato il problema dell'ufficio e dei suoi costi, vengono meno anche le spese elencate in precedenza. Si tratta infatti di investimenti necessari per chi vuole aprire una agenzia immobiliare e non per chi vuole fare il procacciatore d'affari immobiliari.

Riesaminiamoli insieme uno a uno. Come vedrai, esercitando l'attività di procacciamento d'affari da casa propria, anche tutti gli altri costi magicamente... spariscono!

Analizziamoli quindi nel dettaglio: sarà una soddisfazione vederli svanire uno a uno.

- *Eventuale acquisto di un franchising*: è possibile avviare questa attività senza spendere inutilmente soldi in un franchising. Tra l'altro, da poco ho parlato con un agente immobiliare che mi ha raccontato come si sia trovato male quando era un affiliato a un franchising, per cui alla fine ha deciso di mettersi in proprio, soprattutto proprio a causa degli alti costi che il franchising comportava.
- *Consulenza per avviare l'attività su temi tecnici, legali, fiscali, contributivi*: come avrai già notato, questo ebook ti fornisce

tutta la consulenza necessaria e sufficiente per avviare l'attività.

- *Affitto o acquisto del locale dove si svolgerà l'attività*: utilizzando casa propria come ufficio, questa spesa sarà pari a zero.
- *Acquisto materiale ufficio (scrivanie, computer, telefoni, sedie, scaffali, arredamento vario ecc.)*: non ci sarà bisogno di acquistare nulla, poiché lavori da solo e la tua casa è già arredata.
- *Spese di gestione del locale e dell'attività (luce, acqua, telefono, internet, riscaldamento, pulizie ecc.)*: saranno anche questi costi già compresi nelle normali spese di gestione della tua abitazione.
- *Assunzione di dipendenti full o part time*: come abbiamo detto prima, lavori da solo, dunque non c'è bisogno di assumere dei dipendenti.
- *Eventuale formazione di questi dipendenti*: se non hai dipendenti vengono meno anche i costi di una loro eventuale formazione.
- *Commercialista*: non sarà necessario ricorrere alle prestazioni di tale figura professionale, dal momento che la gestione

fiscale è piuttosto semplice in questa attività, come avrai notato leggendo il secondo capitolo.

- *Avvocato*: operando nel rispetto della deontologia, non sarà necessario ricorrere alle prestazioni professionali di un giurista.
- *Varie ed eventuali (imprevisti, multe ecc.)*: gli imprevisti per loro definizione sono imprevedibili, ma è chiaro che, lavorando da solo e conoscendo tutte le tue azioni, saranno ridotti a zero, così come le multe che in genere colpiscono invece gli esercizi commerciali aperti al pubblico.

SEGRETO n. 16: esercitando l'attività di procacciamento d'affari a casa propria, spariscono i normali e necessari costi di avviamento e gestione di una agenzia immobiliare.

Mi piace molto questo ultimo segreto, anche perché penso che i primi soldi guadagnati siano quelli risparmiati. È un concetto che mi ha spiegato mio padre, e trovo che sia un prezioso insegnamento.

Mio padre è sempre stato un grande risparmiatore, ha gestito al meglio i suoi soldi, e continua a farlo anche adesso che è in pensione. Pensa, è talmente bravo in questo campo che l'ultimo decennio della sua brillante carriera è stato promosso direttore provinciale di un ente pur non essendo, come avviene di solito, sponsorizzato da alcun partito, sindacato o associazione.

Abbiamo detto che, per avviare l'attività di procacciatore d'affari immobiliari, quanto alla strumentazione basterà essere muniti di un computer, un cellulare, una macchina fotografica e un'automobile. Vediamo ora a cosa servono nello specifico questi strumenti di lavoro.

Il computer ti servirà principalmente per vedere gli annunci online delle case in vendita, per inserire i tuoi annunci, mandare e ricevere email, gestire i vari moduli della tua attività, organizzare il tuo lavoro archiviando informazioni, foto e materiale vario.

Il cellulare ti permetterà di effettuare e ricevere le telefonate dei venditori delle case e dei potenziali acquirenti. A tal proposito, dato che riceverai molte chiamate, ti converrà scegliere una tariffa ricaricabile, così quando ti chiameranno aumenterà il tuo credito telefonico: anche questo costituisce una forma di guadagno! E le agenzie che hanno il telefono fisso non possono ricaricarsi...

La macchina fotografica è indispensabile per fotografare le case, in modo tale da corredare l'annuncio di vendita dell'immobile di alcune foto. Potrai fotografare le varie stanze, gli ambienti, l'arredamento, il palazzo, la via in cui è situata la casa ecc. Nell'ultimo capitolo ti svelerò inoltre alcuni trucchi del mestiere che riguardano questo argomento.

L'automobile, infine, serve per raggiungere le case in vendita. Se possiedi due auto, scegli quella più piccola, in questo modo troverai parcheggio più facilmente.

SEGRETO n. 18: per avviare l'attività di procacciatore d'affari immobiliari ti basteranno il tuo computer, il tuo cellulare, la tua macchina fotografica e la tua automobile.

Dunque, come far interagire questa strumentazione e quindi come svolgere nel concreto il lavoro di procacciatore d'affari immobiliari occasionale e continuativo?

Quando avrai deciso di iniziare questa attività, innanzitutto sarà necessario trovare gli immobili da vendere. Ed ecco un'altra differenza rispetto al classico metodo di lavoro dell'agenzia immobiliare.

Non devi andare in giro per le strade (la maggior parte delle volte a piedi) come fanno gli agenti immobiliari alle prime armi mandati dal loro titolare o dal loro responsabile a caccia di nuove case da vendere in zona. La ricerca delle case si svolgerà a casa tua, per di più stando comodamente seduto in poltrona. Non male, direi, no?

In più la ricerca degli immobili da vendere è anche molto semplice. Siediti di fronte al computer e digita sui vari motori di ricerca (ti consiglio Google) le parole "case", "vendite case", "annunci immobiliari" e così via. Scoprirai che ci sono tantissimi siti di annunci di vendita di immobili sia a livello nazionale che a livello locale. Tuttavia pochissimi sono quelli buoni, nel senso che un ristretto numero di siti viene veramente visitato.

Sulla base della mia esperienza il migliore è www.subito.it, uno dei più famosi, oltretutto. È un sito in cui si trova in vendita qualsiasi cosa e dunque ha molte categorie, una di queste appunto dedicata agli immobili. Ha un'interfaccia semplice, ci sono centinaia di migliaia di annunci, ma soprattutto viene visitato costantemente da altrettanti visitatori.

Gli altri siti di annunci sono più o meno tutti alla pari, subito.it invece è veramente una spanna sopra. Una volta entrato in questo sito, cerca le case in vendita della tua provincia o meglio ancora del tuo comune e vedrai quante ne salteranno fuori.

In tutti gli annunci c'è scritto o "privato" oppure "azienda". Se c'è scritto "privato" vuol dire che l'annuncio è stato inserito direttamente dal proprietario dell'immobile che sta vendendo la sua casa da solo, mentre se c'è scritto "azienda" vuol dire che l'annuncio è stato messo da una agenzia.

Ti concentrerai unicamente sugli immobili messi in vendita dai privati. Ognuno di questi rappresenta un potenziale affare di vendita e dunque per te un potenziale guadagno. Il tuo compito sarà quello di contattare, telefonicamente o via email, i vari venditori al fine di trovare loro un potenziale acquirente. Spiega loro chi sei, cosa fai e qual è lo scopo della tua telefonata.

Una volta che un venditore di un immobile si sarà mostrato interessato alla tua collaborazione, dovrai incontrarti con lui. In questo modo potrai esporre meglio la tua proposta e visionare l'immobile; dunque l'ideale è incontrarsi proprio nella casa che dovrai vendere.

Inoltre, solitamente è proprio durante il primo incontro che si fotografa l'appartamento, quindi porta con te la macchina fotografica e chiedi cortesemente al venditore se puoi scattare qualche foto. Ti serviranno per pubblicizzare e promuovere al meglio l'immobile in vendita.

SEGRETO n. 18: il primo incontro serve per fare conoscenza con il venditore, visionare la casa da vendere e fare qualche foto da usare per promuovere l'immobile.

Infine, durante il primo incontro c'è un ultimo punto molto importante da formalizzare, cioè la lettera di incarico immobiliare, il documento formale con il quale il venditore ti incarica ufficialmente di trovare un acquirente per il suo immobile e in cambio di questa prestazione ti corrisponde una percentuale sul prezzo di vendita.

Una volta che il venditore avrà firmato la lettera di incarico immobiliare, potrai iniziare a pubblicizzare e a promuovere l'immobile.

Torna quindi a casa tua e inserisci nei vari siti di annunci immobiliari quello dell'immobile che ora hai in vendita. Descrivilo accuratamente e allega le foto che hai scattato. Ora non ti resta che aspettare le numerose chiamate degli acquirenti!

Non appena qualcuno chiama, fissa un appuntamento con il venditore per far visionare la casa al potenziale compratore. Il giorno dell'appuntamento fai dunque visitare la casa e a conclusione dell'incontro fai firmare al cliente la presa visione dell'immobile. Questo ti consentirà di dimostrare al venditore, nel caso ce ne fosse bisogno, che sei stato tu a mostrare l'immobile a questa persona.

Ora non ti resta che aspettare che il potenziale acquirente si dimostri interessato alla casa che ha visionato e dunque che formalizzi tramite te una proposta di acquisto immobiliare che tu stesso presenterai al proprietario.

Se questi accetta il prezzo e le condizioni della proposta di acquisto immobiliare, l'affare è concluso. A questo punto, infatti, il tuo lavoro è finito e per legge potresti già pretendere la provvigione dal venditore, tuttavia è usanza comune seguire la pratica fino al giorno della vendita effettiva dell'immobile e dunque incassare la provvigione durante il rogito notarile. Anche gli agenti immobiliari seguono questa prassi.

Dunque, una volta che il venditore ha accettato la proposta di acquisto, non ti resta che prendere un appuntamento dal notaio di fiducia dell'acquirente per stipulare il rogito che sancirà a tutti gli effetti la vendita dell'immobile. Potrai incassare quindi la tua tanto meritata provvigione.

SEGRETO n. 19: non dimenticare di far firmare al venditore la lettera di incarico immobiliare, il documento formale con il quale ti incarica ufficialmente di trovare un acquirente per il suo immobile e in cambio di questo ti corrisponde una percentuale sul prezzo di vendita.

I documenti di cui ti ho parlato, la lettera di incarico immobiliare, la presa visione dell'immobile e la proposta di acquisto immobiliare, sono importantissimi poiché servono a sancire l'accordo tra il venditore, il procacciatore d'affari e l'acquirente. È proprio grazie a questi documenti che riceverai la tua provvigione.

A questo punto, ti starai chiedendo come si scrive una lettera di incarico immobiliare, una presa visione dell'immobile e una proposta di acquisto immobiliare.

Premetto che per scrivere una lettera di incarico immobiliare non si può "copiare" il modulo del mandato a vendere che hanno tutte le agenzie immobiliari, perché il procacciatore d'affari e l'agente immobiliare, come abbiamo visto, sono due figure profondamente diverse. Dunque i documenti che vanno bene per uno non possono andare bene per l'altro e viceversa.

In ogni caso, puoi preparare tu stesso la lettera di incarico, partendo da alcuni format disponibili sul web. Tieni tuttavia presente che su internet gli esempi di lettera di incarico non solo sono pochissimi, ma soprattutto sono troppo generali e mal fatti, specialmente per le questioni immobiliari.

Insomma, facendolo da solo rischi di perdere molto tempo a cercare di districarti in questioni tecniche, ma soprattutto corri il pericolo di creare un prodotto che non ti tutela assolutamente: potresti produrre un documento che dal punto di vista legale non ha alcun valore. Lo stesso discorso vale anche per la presa visione dell'immobile e per la proposta di acquisto immobiliare.

Permettimi di dire che questo è un punto davvero importante. Ho visto persone disperate quando non sono state pagate loro le provvigioni dovute semplicemente perché non si erano tutelate nel modo corretto nei confronti del venditore.

Far valere i propri diritti è fondamentale. Immagina questa situazione: stai pubblicizzando e promuovendo una casa molto costosa da mesi, l'hai fatta visitare a molti potenziali acquirenti, hai lavorato duro per cercare di venderla. Il prezzo è di 500.000 euro, sicuramente una cifra importante. Quando pensi che non ce la farai mai a vendere questa casa, ecco all'improvviso che arriva un'offerta. Ma la notizia ancora migliore è che il venditore la accetta. La casa è venduta! Complimenti, la tua provvigione è di 15.000 euro!

Ma all'improvviso questa situazione paradisiaca si trasforma in un incubo. Infatti la lettera di incarico era stata fatta male, c'è un cavillo a favore del venditore, il quale decide di non pagarti. Sì, hai capito bene, non percepirai neanche un euro come provvigione e forse neanche un ringraziamento!

A questo punto sei furibondo e denunci il venditore. Dopo tanti anni passati nei tribunali e tanti soldi spesi in avvocati e spese legali perdi la causa in tutti e tre i gradi poiché la legge stabilisce che ha ragione lui.

Dunque, oltre a non avere ricevuto la provvigione che ti spettava, hai anche speso soldi (migliaia di euro) inutilmente. Verrebbe da dire: «Oltre al danno, la beffa!»

Dunque, se vuoi risparmiare tempo, ma soprattutto se vuoi tutelarti nel modo giusto, informati bene sui contratti, i documenti e i moduli necessari per esercitare questa attività.

Oltre alla lettera di incarico immobiliare, la presa visione dell'immobile e la proposta di acquisto immobiliare, ci sono infatti anche altri moduli che ti saranno utili per la tua attività di procacciatore d'affari immobiliari.

SEGRETO n. 20: non tentare di preparare da solo i moduli che ti servono, rischi di produrre documenti privi di valore giuridico. Chiedi consiglio a un esperto e tutelati nel modo giusto.

RIEPILOGO DEL CAPITOLO 3:

- SEGRETO n. 14: per avviare l'attività di agenzia immobiliare è necessario avere a disposizione una cifra ad almeno cinque zeri. Invece per avviare l'attività di procacciamento d'affari immobiliari basterà una cifra a "zero zeri".
- SEGRETO n. 15: casa tua sarà il tuo ufficio ed è già dotata di tutta la strumentazione necessaria. La gestione della tua attività non comporterà quindi alcuna spesa aggiuntiva.
- SEGRETO n. 16: esercitando l'attività di procacciamento d'affari a casa propria, spariscono i normali e necessari costi di avviamento e gestione di una agenzia immobiliare.
- SEGRETO n. 17: per avviare l'attività di procacciatore d'affari immobiliari ti basteranno il tuo computer, il tuo cellulare, la tua macchina fotografica e la tua automobile.
- SEGRETO n. 18: il primo incontro serve per fare conoscenza con il venditore, visionare la casa da vendere e fare qualche foto da usare per promuovere l'immobile.
- SEGRETO n. 19: non dimenticare di far firmare al venditore la lettera di incarico immobiliare, il documento formale con il quale ti incarica ufficialmente di trovare un acquirente per il suo immobile e in cambio di questo ti corrisponde una

percentuale sul prezzo di vendita.

- SEGRETO n. 20: non tentare di preparare da solo i moduli che ti servono, rischi di produrre documenti privi di valore giuridico. Chiedi consiglio a un esperto e tutelati nel modo giusto.

CAPITOLO 4:

Come migliorare l'attività

In questo capitolo scoprirai come migliorare in modo efficace ed efficiente la tua attività. Infatti, una volta avviata, qualsiasi attività ha bisogno di miglioramenti. Questi devono essere continui, altrimenti l'attività dopo un po' muore, cessa di esistere, chiude.

La concorrenza, i tempi che cambiano, le nuove esigenze dei clienti, sono tutti fattori che influiscono negativamente o positivamente sulle performance e sui fatturati delle attività dei liberi professionisti e su quelli delle piccole, medie e grandi imprese.

Il mercato è spietato e non ammette errori. Quello che può andare bene oggi può non andare più bene domani mattina. Ecco perché molti falliscono, semplicemente perché non si aggiornano, non stanno al passo con i tempi. L'antico filosofo greco Eraclito a tal proposito diceva: «*Panta rei*», ovvero "tutto scorre", tutto si trasforma. E aveva ragione.

Anche tu dovrai stare al passo con i tempi. I semplici consigli che ti darò in questo capitolo ti aiuteranno a migliorare la tua attività una volta che l'avrai avviata.

Potrai fornire, grazie a questi suggerimenti, una migliore immagine di te e del tuo lavoro. Potrai anche lavorare meglio, organizzando in maniera più efficace e più efficiente la tua attività ma soprattutto il tuo tempo prezioso.

SEGRETO n. 21: ricorda la massima dell'antico filosofo greco Eraclito, «Panta rei», "tutto scorre". Fa che diventi la tua guida contro il mercato che cambia. Aggiornati e stai al passo con i tempi.

Alcuni di questi miglioramenti saranno a costo zero, come è nel mio stile, altri invece comporteranno dei costi che in ogni caso possiamo definire ridicoli, come vedrai tu stesso. Dunque non vi è motivo di non farli.

Ecco di seguito un elenco di cinque punti sui quali concentrarsi al fine di migliorare la propria attività di procacciatore d'affari immobiliari:

- biglietto da visita;
- sito internet;
- affitto/acquisto di un ufficio;
- promozione pubblicitaria dell'attività;
- specializzazione dell'attività.

Sono tutti punti molto importanti, che possono davvero fare la differenza, una volta che avrai deciso di fare carriera in questa professione. Vediamoli uno a uno nel dettaglio.

Prima di tutto, per migliorare la propria attività, è opportuno preparare un biglietto da visita e farne stampare almeno qualche centinaio di copie, presso una fotocopisteria della tua città oppure tramite internet.

Se decidi di farli stampare nella tua città, gira fra le varie fotocopisterie alla ricerca dell'offerta migliore. Ricorda che più biglietti da visita fai stampare e meno pagherai per ognuno. Se invece decidi di farli via internet, il miglior sito è www.vistaprint.it, che consente anche di stampare altri gadget nonché materiale pubblicitario vario.

SEGRETO n. 22: il primo passo per migliorare la tua attività è stampare dei biglietti da visita completi di tutte le informazioni e i recapiti necessari.

Dato che mi è capitato spesso di vedere dei biglietti da visita, ti do qualche dritta per realizzare una buona *business card.* Indipendentemente dalla grafica, è fondamentale infatti che qualsiasi biglietto da visita rechi bene in vista:

- il tuo nome e cognome;
- il tuo eventuale titolo (ad esempio Dr., Geom. ecc.);
- il tuo indirizzo;
- il tuo numero di telefono;
- il tuo eventuale numero di fax;
- la tua email;
- il tuo eventuale sito internet.

Ognuna di queste informazioni è infatti indispensabile al fine di lasciare nella memoria del tuo cliente un ricordo positivo.

Innanzi tutto, scrivere sul biglietto da visita il proprio nome e cognome serve per essere identificati e instaurare quel rapporto di fiducia con il cliente di cui abbiamo parlato nel secondo capitolo. Si comunica implicitamente che questo rapporto lo si ha con te in quanto persona, non con te in quanto procacciatore d'affari immobiliari.

Precisare però l'eventuale titolo conseguito è importante per comunicare a livello implicito ed esplicito che abbiamo una professionalità, che abbiamo seguito un percorso formativo per ottenerla. Come si suol dire "abbiamo studiato", non siamo degli sprovveduti che si presentano al primo che capita.

Passando ai recapiti, scrivere l'indirizzo sul biglietto da visita è importante per farsi raggiungere fisicamente, previo appuntamento, dai clienti.

Quanto al numero di telefono, scriverlo sul biglietto da visita è fondamentale per dare seguito all'incontro, per farsi ricontattare e dunque trasformare qualcosa di intangibile (l'incontro) in qualcosa di tangibile (l'affare immobiliare). Se vuoi, puoi scrivere due numeri di telefono, il numero fisso e il numero di cellulare. Nel caso in cui tu scelga di scrivere solamente un numero di telefono, ti consiglio vivamente di scrivere il numero del cellulare. In questo modo potrai essere contattato in ogni momento, anche se non sei a casa, o meglio in ufficio.

Anche l'indirizzo email è importante: ti permetterà infatti di essere contattato anche da chi non ama parlare al telefono. Il contatto email serve, inoltre, per comunicare che sei al passo coi tempi. È innegabile infatti che al giorno d'oggi tutti hanno una email, anche chi internet lo usa solo per chattare e non per lavorare. Tra l'altro, avere una email non costa davvero nulla. Per l'attività di procacciatore d'affari immobiliari cerca di scegliere un indirizzo semplice e facile da scrivere. Dunque evita di usare nomignoli o abbreviazioni. L'ideale sarebbe seguire il modello "nome.cognome". Come provider ti consiglio di usare Gmail, la email di Google, quindi nome.cognome@gmail.com.

Aggiungere anche l'eventuale numero di fax sul biglietto da visita può risultare utile, in quanto a volte è necessario farsi inviare dei documenti, quali una planimetria o un contratto. Tuttavia non è fondamentale avere un fax, dato che ci sono dei modi alternativi per inviare e ricevere gli incartamenti. Ad esempio, chi ti deve inviare la planimetria può scansionarla e inviarla via email. Comunque, se decidessi di avere un fax, tieni presente che non è necessario comprare l'apparecchio. Esistono infatti dei servizi gratuiti che ne replicano il funzionamento. Uno di questi è quello offerto dal sito www.tiscali.it, che tra l'altro è un ottimo provider anche di indirizzi email.

Infine, aggiungere sul biglietto da visita l'eventuale sito internet servirà a farti raggiungere virtualmente dai tuoi clienti, in modo tale che possano vedere le case per le quali stai cercando un acquirente. Anche in questo caso, scegli un nome di dominio internet normale ed evita assolutamente la dicitura "immobiliare xxxxx", dato che non sei un'immobiliare bensì un procacciatore d'affari immobiliari.

Per concludere questo argomento e per farti un esempio concreto, ti dico come ho realizzato il mio biglietto da visita. In alto a sinistra ho inserito il logo del mio sito. Sotto il logo ho scritto il mio titolo e il mio nome e cognome. Poi ho inserito una dicitura che sintetizza in poche parole l'attività. Sotto ancora ho messo il mio indirizzo e il mio numero di cellulare. Infine l'indirizzo del mio sito internet.

Dietro il biglietto da visita non ho fatto stampare nulla, personalmente non mi piacciono i bigliettini fronte-retro. Preferisco che tutte le informazioni siano stampate su un solo lato, si risparmia anche inchiostro!

Come abbiamo appena accennato a proposito del biglietto a visita, per fare in modo che la tua attività di procacciatore d'affari immobiliari decolli, è opportuno creare un sito internet.

Oggi giorno tutte le attività competitive hanno un proprio sito internet, a volte anche in lingua straniera. La spesa per la realizzazione di un sito è infatti ormai davvero esigua, anche paragonata al ritorno che può generare. Inoltre, si può sempre farlo da soli. Avere un sito internet, oggi, fa davvero la differenza.

In generale ci sono quattro modi per realizzare un sito web:

- realizzarlo in HTML puro;
- realizzarlo tramite programmi WYSIWYG;
- trovare dei modelli predefiniti su internet, compresi i blog;
- farlo realizzare da un webmaster.

Personalmente ti consiglio quest'ultima soluzione, anche perché è quella che conferisce maggiore professionalità al tuo sito, a te e quindi alla tua attività. Tra l'altro, realizzare un sito costa solo qualche decina/centinaia di euro. È una cifra ridicola in confronto a quello che ti permetterà di guadagnare.

Dunque non lesinare, a volte i soldi bisogna anche spenderli. Soprattutto bisogna saperli spendere, e questo è un ottimo motivo per mettere mano al portafoglio. Oltretutto, una volta realizzato, il sito ti costerà solamente qualche decina di euro all'anno: insomma, costituisce un ottimo veicolo promozionale e pubblicitario.

Per avere un'idea di come fare un sito puoi prendere spunto da quelli delle varie agenzie immobiliari, specialmente le più piccole. I siti internet delle grandi agenzie immobiliari, infatti, spesso non sono affatto semplici, ma ridondanti e caotici.

In ogni caso, un sito, per essere ben fatto, deve avere una sezione nella quale dici chi sei e un'altra in cui spieghi cosa fai. Ma soprattutto, devono essere presenti in una sezione apposita le case per le quali stai cercando un acquirente. Mi raccomando, cerca di descrivere ogni immobile in maniera appropriata e veritiera e inserisci delle belle foto per ciascuno.

SEGRETO n. 23: per migliorare la tua attività di procacciatore d'affari immobiliari puoi sviluppare un sito internet completo e navigabile, in cui sono in mostra le case per le quali stai cercando un acquirente.

Nel periodo iniziale il tuo sito non verrà visitato perché non è ancora indicizzato nei motori di ricerca e perché ancora non hai clienti che ti conoscono. Non ti preoccupare, all'inizio è normale che un sito non abbia visitatori.

Comunque, in generale, se il tuo sito non dovesse ricevere tante visite anche dopo lo start up iniziale, non ti preoccupare: sarà in ogni caso la tua centrale operativa, una sorta di database di facile consultazione per tenere sotto controllo la situazione degli immobili.

E poi, ricorda, è meglio che un sito riceva poche visite mirate piuttosto che tante visite generiche. Per vendere una casa meglio catturare l'attenzione di una persona veramente interessata a comprare che di cento semplici curiosi.

Un altro passo da compiere per rendere più efficiente e produttiva la tua attività di procacciatore d'affari immobiliari è lasciare l'ufficio di casa tua e acquistare o prendere in affitto un ufficio.

Molti infatti ritengono che avere un ufficio dia un'immagine più professionale di noi stessi e della attività che svolgiamo. Avere la possibilità di ricevere i nostri clienti in un ufficio e non in una stanza di un appartamento adibita a tale funzione potrebbe essere meglio, ma comunque solo a livello formale. In sostanza, infatti, non cambia molto.

Acquistare o prendere in affitto un locale commerciale su strada da adibire a ufficio, comporterà anche un vantaggio non indifferente: la visibilità sarà maggiore e i potenziali clienti potranno entrare direttamente dentro il locale. Invece a uno studio che si trova dentro un palazzo condominiale le persone non avrebbero la possibilità di accedere con altrettanta semplicità.

Pensaci, hai mai visto entrare qualcuno dentro un condominio altrui per andare nello studio immobiliare che si trova al secondo piano? Se l'hai visto, aveva sicuramente un appuntamento, altrimenti nessuno entrerebbe in un condominio per curiosare.

Avrai sicuramente visto invece delle persone entrare nei locali delle varie agenzie immobiliari che si affacciano sulla via. D'altronde, è assolutamente normale entrare anche senza appuntamento in un locale che dà sulla strada, anche perché la sua porta è già aperta!

Dunque, se possibile, scegli come ufficio un locale che dia direttamente sulla strada. Ne otterrai dei vantaggi che invece non avresti se il tuo ufficio fosse ubicato all'interno di un palazzo.

Hai due alternative: puoi acquistare o prendere in affitto il locale in cui lavorerai. Dunque, pensa quale di queste possibilità preferisci. Dico "preferisci", perché su questo argomento ci sono opinioni contrastanti e nessuna delle due soluzioni è nettamente preferibile rispetto all'altra. Alcuni vogliono comprare il locale o l'ufficio nel quale svolgeranno la loro attività, altri invece pensano che sia meglio prenderlo in affitto.

Chi preferisce acquistarlo deve essere messo al corrente del fatto che, oltre al prezzo dell'immobile, si devono pagare anche altre spese, definite "accessorie", tra cui principalmente le imposte statali e le spese notarili. Questi costi, infatti, sono a totale carico dell'acquirente. Inoltre, se l'immobile è stato mediato da un agente immobiliare, bisogna pagare anche la provvigione all'agenzia.

Per fare una stima realistica, mediamente tutte queste spese fanno salire il prezzo di acquisto di un immobile di circa il 15%. Dunque bisogna fare bene i conti prima di firmare un compromesso nel quale è riportato solamente l'effettivo prezzo del bene che desideriamo acquistare.

Tuttavia, come detto prima, c'è anche la possibilità di prendere un ufficio in affitto. A tal proposito ci sono due alternative: o si è costretti ad andare in affitto perché non ci si può permettere di acquistare i locali, oppure si va in affitto perché lo si trova più vantaggioso.

Se si è costretti vuol dire appunto che molto probabilmente non si hanno i soldi sufficienti per comprare il locale o l'ufficio in questione. Se invece si reputa più vantaggiosa questa opzione è perché magari si può scaricare dalle tasse il regolare contratto di loazione e dunque pagare meno imposte allo Stato, senza per questo evadere le tasse.

A proposito di contratti, se devi prendere un locale in affitto, devi stipulare con il proprietario dell'immobile un regolare contratto di locazione commerciale "6+6". L'affittuario viene definito "conduttore" o "locatario" e il proprietario invece "locatore".

La formula "6+6" significa che il contratto di locazione commerciale dura sei anni e si rinnova automaticamente dopo questo periodo di tempo per altri sei, salvo disdetta da darsi con raccomandata con ricevuta di ritorno sei mesi prima della scadenza.

Per legge, il conduttore deve versare al locatore da una a tre mensilità di affitto come anticipo e da una a tre mensilità di affitto come deposito cauzionale. Le mensilità anticipate verranno scalate dalle ultime che il conduttore deve versare al locatore, mentre il deposito cauzionale deve essere restituito alla fine del rapporto di locazione nel caso in cui nulla nel locale sia stato danneggiato.

Le spese di registrazione del contratto di locazione commerciale sono per metà a carico del locatore e per metà a carico del conduttore, mentre le marche da bollo sono a totale carico del conduttore.

È il locatore che ha il compito di registrare il contratto di locazione commerciale in almeno due copie, una da consegnare all'Agenzia delle Entrate locale e una da tenere per sé. Dunque l'ideale è registrarne tre copie in modo tale che ce ne sia una anche per il conduttore. Si spende un po' di più per le marche da bollo, ma ne vale la pena perché così ognuno è in possesso di una copia del contratto.

In ogni caso ricorda che, dopo che il contratto è stato firmato e registrato, non si è obbligati a stare sei anni in affitto: infatti la legge prevede la possibilità di disdire in anticipo il contratto di locazione commerciale dandone preavviso al proprietario almeno sei mesi prima del giorno in cui lascerai il locale. Dunque, se te ne vuoi andare via anticipatamente, ad esempio a metà giugno 2011, bisognerà dare il preavviso a metà dicembre 2010.

SEGRETO n. 24: acquistare o prendere in affitto un locale per svolgere la tua attività di procacciatore d'affari immobiliari può costituire un vantaggio. Se possibile, scegli come ufficio un locale che affacci direttamente sulla strada.

Ti ho raccontato tutte queste cose relative all'acquisto e all'affitto di un locale perché penso che siano regole indispensabili da conoscere. Molto spesso la gente ignora tutto ciò. Comprare un locale oppure prenderlo in affitto sono due cose serie. Non si può andare all'avventura.

Alla luce di tutte queste considerazioni, potrai scegliere nel modo più consapevole possibile se per te è meglio andare in affitto oppure acquistare il locale in cui eventualmente ti trasferirai una volta avviata la tua attività di procacciatore d'affari immobiliari.

Ti consiglio vivamente di prendere in considerazione l'idea di avere un ufficio fuori casa solamente dopo aver guadagnato almeno qualche decina di migliaia di euro con questa attività. Non caricarti di costi che non puoi sostenere. Non pensare che tanto guadagnerai un mucchio di soldi e che quindi puoi già permetterti un locale.

Procedi per gradi, non essere avventato. Se non hai ancora guadagnato molto non pensare ad avere un ufficio. Conserva questa idea dentro un cassetto della tua memoria e chiudilo. Nel momento in cui avrai a disposizione più soldi rispetto a quando l'avevi archiviato lo riaprirai. A quel punto sarà giunta la fase in cui potrai permetterti di prendere un ufficio, non adesso. Allo stato attuale dedicati solamente ad avviare la tua attività di procacciatore d'affari immobiliari: il tuo ufficio a casa andrà benissimo.

Per fare in modo che la tua attività di procacciatore d'affari immobiliari sia più conosciuta e quindi anche più redditizia, è senz'altro una buona idea promuoverla e farle pubblicità.

Il biglietto da visita e il sito internet rientrano solamente in parte nella categoria delle azioni di promozione dell'attività, in quanto non sono propriamente strumenti pubblicitari ma dotazioni di base, indispensabili per così dire.

SEGRETO n. 25: fai pubblicità alla tua attività di procacciatore d'affari immobiliari. Crea una campagna promozionale che sfrutti molteplici mezzi di comunicazione e diversi canali.

La promozione pubblicitaria è infatti una questione articolata che possiamo distinguere in due parti: promozione pubblicitaria a livello locale nella tua città e provincia e promozione pubblicitaria su internet.

La promozione pubblicitaria a livello locale e territoriale è forse quella principale. Per realizzarla, puoi iniziare stampando dei volantini pubblicitari. Come per i biglietti da visita è possibile farli stampare in una tipografia della tua città oppure su internet tramite il sito www.vistaprint.it.

Il volantino deve contenere uno slogan nella parte centrale/principale. Questo dovrebbe essere un messaggio pubblicitario forte e accattivante in modo tale da attrarre immediatamente l'attenzione di colui che lo legge. Inoltre, il volantino deve contenere i contatti e i recapiti, come già abbiamo detto a proposito di come deve essere fatto un biglietto da visita.

È chiaro, inoltre, che deve avere anche un formato diverso rispetto alla tua business card, ovviamente maggiore, e deve anche essere stampato usando dei caratteri più grandi.

Una volta che avrai stampato almeno qualche migliaio di copie del tuo volantino pubblicitario, potrai distribuirlo in giro per la città, mettendolo magari sui parabrezza delle macchine o nelle buche delle lettere nei palazzi delle zone in cui vuoi operare.

Se non hai voglia di camminare o di perdere del tempo prezioso puoi anche chiamare qualcuno per distribuire questi volantini al posto tuo, in modo tale che tu possa dedicarti ad altre cose.

Accertati però che li consegni veramente e che non li butti nella spazzatura o che non li distribuisca dieci alla volta! Altrimenti tutto il tuo lavoro e i tuoi soldi saranno andati in fumo.

Un altro modo per promuovere la tua attività nella tua città è acquistare degli spazi pubblicitari nei vari giornali locali. Attento però, sono pochi i giornali che vengono letti veramente, dunque prima di decidere a chi affidarti, valuta bene quali sono i più letti e conosciuti nella zona in cui operi.

Considera che molti di questi magari sono gratuiti, dunque in ogni caso vale la pena inserirvi un annuncio senza chiedersi se vengano letti o no, tanto non costa nulla. Anche se il tuo annuncio non verrà letto non avrai sprecato del denaro.

In ogni caso, sicuramente sai qual è il giornale locale più letto nella tua città. Bene, questo è un ottimo punto di partenza per inserire un annuncio a pagamento. Contatta la redazione e chiedi quali sono le condizioni e i costi per acquistare uno spazio pubblicitario.

Infine, per restare nel campo della promozione territoriale, puoi creare dei gadget o degli oggetti che rechino il tuo eventuale logo, i tuoi contatti, l'indirizzo ecc. Sto parlando ad esempio di penne, taccuini, timbri, calendari, adesivi, magliette, tazze, cuscini, puzzle e qualsiasi altro materiale pubblicitario ti venga in mente.

Lo scopo di questi gadget è conferire un'immagine più professionale alla persona che li usa, fare circolare il tuo nome. Puoi regalarne alcuni e dunque fare in modo che diventino un vero e proprio omaggio che fa ricordare la tua attività e aiuta il passaparola. Anche in questo caso il sito www.vistaprint.it ha tutto ciò che ti serve per creare materiale pubblicitario; altrimenti rivolgiti alla tua fotocopisteria di fiducia.

Per quanto riguarda invece la promozione pubblicitaria su internet, potresti iscriverti a Google AdWords e comprare della pubblicità. Google AdWords è un sistema pubblicitario ideato da Google che consente a tutti di fare pubblicità su internet sulla base delle parole chiave che ognuno sceglie in base ai criteri per i quali vuole che il suo annuncio pubblicitario venga visualizzato.

Il sistema funziona così. Una volta che un utente cerca su Google una qualsiasi parola, nella sezione adibita agli annunci pubblicitari appariranno solamente quelli relativi alla parola inserita. Ad esempio, se qualcuno cerca su Google la parola "cane" nei risultati di ricerca appariranno come annunci pubblicitari solamente quelli che hanno a che fare con i cani.

Ovviamente gli annunci pubblicitari che appariranno saranno quelli degli utenti che, avendo deciso di fare pubblicità con Google, li hanno inseriti direttamente tramite il software che Google stesso fornisce a chi si iscrive a Google AdWords.

Il bello di tutto questo è che chi fa pubblicità con Google AdWords paga solo quando il suo annuncio viene cliccato. Mi pare una cosa non da poco. In questo modo non si investono soldi a vuoto, chiedendosi se qualcuno vedrà mai il nostro annuncio e se mai lo cliccherà.

Bisogna inoltre aggiungere anche la trasparenza e l'affidabilità dell'azienda Google, la cui visibilità è a livello globale e che, tra l'altro, tutela molto tutti gli inserzionisti di Google AdWords.

Dal punto di vista dell'efficacia dell'annuncio, è poi importante sottolineare che una persona che clicca un annuncio AdWords è veramente interessata al prodotto o al servizio, perché ha appena cercato una parola chiave a questo collegata!

Ovviamente gli annunci che appaiono per primi pagano di più per singolo click e quelli che appaiono nelle ultime posizioni pagano di meno. In ogni caso, sei tu a decidere quanto pagare per ogni singolo click e dunque a scegliere la posizione che preferisci in questa classifica virtuale degli annunci.

Se vuoi spendere poco per ogni singolo click, i tuoi annunci non saranno tra i primi, se al contrario sei disposto a pagare più di tutti gli altri il tuo annuncio apparirà per primo e quindi molto probabilmente il tuo sito sarà anche il più visitato.

Una volta cliccato, infatti, il tuo annuncio pubblicitario rimanderà al tuo sito internet e qui gli internauti avranno l'occasione di capire chi sei, cosa fai, dove lavori ecc.

Non potrebbero mai leggere tutte queste informazioni in un semplice annuncio pubblicitario via internet o su carta. L'annuncio quindi deve essere solamente una sintesi molto ben fatta della tua attività al fine di attirare tanti potenziali clienti a visitare il sito in cui questa è spiegata più nel dettaglio.

A Google AdWords è associato un sistema di guadagno online che si chiama Google AdSense. Se vuoi sapere di cosa si tratta e scoprire tutti i segreti dei più grandi guru di AdSense che guadagnano ogni giorno migliaia di euro, puoi leggere l'ebook intitolato *La Torre di AdSense*, edito da questa stessa casa editrice e scritto da Marco De Carlo che, oltre a essere mio fratello, è un ingegnere elettronico molto competente specializzato in campo informatico.

Infine, per fare in modo che la tua attività di procacciatore d'affari immobiliari sia ancora più produttiva e soddisfacente, puoi intervenire sulla specializzazione della attività stessa.

"Specializzare" la tua attività vuol dire settorializzarla, ovvero dedicarti a una nicchia del campo immobiliare, quale, a titolo esemplificativo, il settore turistico o gli affitti.

In ogni caso, l'esempio più classico è costituito da quelle agenzie che si specializzano nel settore immobiliare di pregio e di lusso. Ecco di seguito un elenco di alcune agenzie, che hanno una divisione che si occupa esclusivamente di questo speciale settore. Per ognuna scriverò anche il relativo sito web:

- Gruppo Toscano, http://www.gruppotoscano.it;
- Guidobaldi, http://www.guidobaldi.it;
- Gabetti, http://www.gabetti.it;
- SantAndrea, http://www.immobilisantandrea.it;
- Professione Casa, http://www.professionecasa.it;
- Professione Casa Prestige International, http://www.professionecasaprestige.it.

SEGRETO n. 26: per aumentare i profitti della tua attività di procacciatore d'affari immobiliari puoi specializzarti nel settore degli immobili di pregio e di lusso.

È chiaro, tuttavia, che la specializzazione nel settore degli immobili di pregio e di lusso deve essere un punto di arrivo, non un punto di partenza. Pensa, ad esempio, a una persona che si iscrive all'università: prima si laurea in medicina e solamente in un secondo momento si specializza, per dire, in oculistica. Non avrebbe senso fare il contrario, non credi?

Tu devi procedere nello stesso modo: prima ti "laurei" trovando acquirenti per le case "normali" e poi ti specializzi trovando acquirenti per le case di pregio e di lusso. Anche in questo caso si va avanti per gradi, come abbiamo già visto precedentemente.

Andare avanti per gradi tuttavia non significa lavorare per 25 anni nel settore immobiliare normale e poi negli ultimi cinque anni di carriera dedicarsi agli immobili di pregio e di lusso.

Non c'è una tempistica predefinita o standard, ma un periodo di tempo necessario a fare il salto di qualità che varia da persona a persona. Sarai tu stesso a capire quando potrai dedicarti a tempo pieno a questo particolare settore, a capire quando sarai davvero preparato e pronto per questa ulteriore sfida.

Nel campo degli immobili di lusso bisogna essere praticamente perfetti, anche perché si ha a che fare con persone di un certo livello, ricche, di cultura, famose.

In sostanza, come avrai capito, prima di dedicarsi agli immobili di pregio e di lusso bisogna fare la gavetta, lavorando con le case "normali". Che poi non è gavetta a titolo gratuito, in quanto comunque si guadagna. In questo modo si avrà l'occasione di fare esperienza, si capirà come ci si deve porre, come ci si deve vestire, che toni e modi utilizzare, quello che bisogna dire e quello che non bisogna dire al fine di non mettere in imbarazzo le persone con domande indiscrete e così via.

Prima di operare nel settore del lusso si dovrà acquisire quel *know how* e quella sicurezza necessaria che nelle fasi iniziali nessuno possiede, salvo casi particolari (come chi, ad esempio, ha maturato esperienze in settori simili).

Ti consiglio vivamente di seguire questo percorso: spesso mi è capitato di notare che gli agenti immobiliari delle divisioni di pregio e lusso delle varie agenzie non sono assolutamente all'altezza del ruolo che ricoprono.

Ho avuto la sensazione che fossero normali agenti immobiliari messi nella divisione di pregio e lusso dell'agenzia. Tu puoi fare molto meglio: è necessario però che prima di dedicarti a questo importante settore tu acquisisca la competenza necessaria.

Non si tratta di fare di tutta l'erba un fascio. D'altronde, in tutte le categorie ci sono i buoni e i cattivi. Per questo a volte capita di avere a che fare con persone non all'altezza della situazione, specialmente in questo settore, nonostante i vari vincoli per diventare un agente immobiliare.

SEGRETO n. 27: prima di dedicarti agli immobili di pregio e di lusso acquisisci la necessaria competenza sul campo e impara a trattare con i clienti.

Spero a questo punto di averti dato delle idee su come rendere più efficace ed efficiente la tua attività. È comunque opportuno precisare e ricordarti ancora una volta che potrai svilupparle solamente dopo aver avviato la tua attività di procacciatore d’affari immobiliari.

Considera tutti questi miglioramenti da apportare alla tua professione non come punto di partenza, bensì come punto di arrivo. Tra l’altro, il fatto stesso di parlare di “miglioramento” presuppone che ci sia un qualcosa cui apportare delle migliorie. Senza una base da cui partire non si può migliorare niente. Anzi probabilmente si rischia solo di fare danni.

Dunque procedi per gradi, è veramente importante. Sulla base della mia esperienza ti dico che in tutti i campi della vita è importante avanzare un passo dopo l’altro. Per estendere l’esempio sull’università accennato prima, uno studente, prima di iscriversi a un corso di laurea deve frequentare le elementari, le scuole medie e le scuole superiori. Non può iscriversi all’università senza aver prima studiato e conseguito i relativi titoli di studio. Ti fideresti di un laureato che non ha fatto le scuole elementari? Io no, e penso che non si fiderebbe nessuno.

Procedendo per gradi, inoltre, avrai anche l’occasione e la possibilità di valutare i vari feedback che riceverai e di aggiustare di conseguenza il tuo comportamento.

SEGRETO n. 28: migliora la tua attività solamente dopo averla avviata. È molto importante procedere per gradi, per acquisire il know how necessario ad avere successo.

RIEPILOGO DEL CAPITOLO 4:

- SEGRETO n. 21: ricorda la massima dell'antico filosofo greco Eraclito, «Panta rei», "tutto scorre". Fa che diventi la tua guida contro il mercato che cambia. Aggiornati e stai al passo con i tempi.
- SEGRETO n. 22: il primo passo per migliorare la tua attività è stampare dei biglietti da visita completi di tutte le informazioni e i recapiti necessari.
- SEGRETO n. 23: per migliorare la tua attività di procacciatore d'affari immobiliari puoi sviluppare un sito internet completo e navigabile, in cui sono in mostra le case per le quali stai cercando un acquirente.
- SEGRETO n. 24: acquistare o prendere in affitto un locale per svolgere la tua attività di procacciatore d'affari immobiliari può costituire un vantaggio. Se possibile, scegli come ufficio un locale che affacci direttamente sulla strada.
- SEGRETO n. 25: fai pubblicità alla tua attività di procacciatore d'affari immobiliari. Crea una campagna promozionale che sfrutti molteplici mezzi di comunicazione e diversi canali.
- SEGRETO n. 26: per aumentare i profitti della tua attività di

procacciatore d'affari immobiliari puoi specializzarti nel settore degli immobili di pregio e di lusso.

- SEGRETO n. 27: prima di dedicarti agli immobili di pregio e di lusso acquisisci la necessaria competenza sul campo e impara a trattare con i clienti.
- SEGRETO n. 28: migliora la tua attività solamente dopo averla avviata. È molto importante procedere per gradi, per acquisire il know how necessario ad avere successo.

CAPITOLO 5:
Come guadagnare 100.000 €
in un anno

In questo capitolo scoprirai come sia possibile guadagnare 100.000 euro in un anno con l'attività di procacciatore d'affari immobiliari.

Sarà certo una gran soddisfazione contare tutti quei bigliettoni comodamente seduto nella poltrona di casa tua. Ti sentirai realizzato, entusiasta, felice. Sarai al settimo cielo o, come direbbero gli inglesi, "sulla nona nuvola".

Sentirai che i tuoi sforzi sono stati ricompensati, il tuo duro lavoro è stato ampiamente ripagato. La tua professionalità è stata degnamente premiata. Per provare questa sensazione di gratificazione, bisogna comunque guadagnare davvero il denaro, e insegnarti come fare è proprio lo scopo di questo capitolo. Ti spiegherò infatti come raggiungere l'obiettivo, seguendo un semplice percorso composto da vari passaggi.

Ci tengo altresì a precisare che non è scontato che si riesca a raggiungere la somma di 100.000 euro in un anno. Non è un percorso automatico. D'altronde, al mondo non c'è niente di certo.

Come ci insegna la Programmazione Neuro-Linguistica (PNL), siamo noi gli artefici del nostro destino, soprattutto grazie alla nostra mente pensante e alle azioni che mettiamo in pratica.

Dunque potrebbe capitare che l'attività di procacciamento di due persone che hanno letto questo libro abbia esiti completamente differenti. Uno, a fine anno, potrebbe avere ottenuto guadagni molto soddisfacenti, l'altro invece potrebbe teoricamente anche non aver guadagnato nulla ed essere semplicemente andato in pari.

In ogni caso, seguendo il percorso che sto per illustrarti, è sicuramente più probabile guadagnare 100.000 euro in un anno piuttosto che non guadagnare nulla. Anche perché non guadagnare nulla con questa attività, credimi, è davvero molto difficile, è contro qualsiasi legge del commercio.

Inoltre, è molto importante che tu ti ponga come obiettivo un guadagno di 100.000 euro in un anno. La psicologia, infatti, insegna che è più facile raggiungere un traguardo se lo si considera come un obiettivo. Tuttavia, al fine di essere veramente raggiunto, qualsiasi obiettivo deve essere posto in maniera realistica e ben definita.

Non ha senso dire: «Io voglio fare un sacco di soldi in poco tempo», il sogno di molti. Bisogna dire quanto denaro si vuole guadagnare e in quanto tempo. Dunque è sicuramente meglio affermare: «Io voglio fare 100.000 euro in un anno», in quanto ci si pone un obiettivo realistico e nello stesso tempo preciso sia in termini di quantità del guadagno che in termini di tempo necessario a ottenerlo (100.000 euro in un anno).

Se volessi guadagnare 1.000.000 di euro in un mese, si tratterebbe di un traguardo altrettanto ben definito ma irrealistico. A te serve invece che l'obiettivo sia realistico e definito. Ma, soprattutto, è indispensabile mettere in pratica delle azioni per raggiungerlo e dunque trasformarlo in realtà; altrimenti, rimarrà soltanto teoria del mondo dei sogni.

SEGRETO n. 29: poniti un obiettivo concreto ed effettivamente raggiungibile in un anno e metti in pratica le azioni necessarie per raggiungere questo importante traguardo.

Il percorso che può farti guadagnare 100.000 euro in un anno si basa più o meno su quanto già hai letto in questo libro, solo che in più ti fornisce un metodo di azione programmatico. Seguendolo, sarà molto probabile che tu raggiunga il traguardo che ti sei prefissato.

Avere un metodo, infatti, è molto importante. In qualsiasi campo si scelga di operare nella vita, è sempre valido l'assioma secondo cui un genio privo di un metodo ha meno possibilità di successo di una persona di media intelligenza che abbia però strutturato un proprio sistema.

SEGRETO n. 30: è più probabile riuscire ad avere successo per una persona normale che ha un metodo piuttosto che per un genio che invece ne è privo.

Scoprirai inoltre che questo processo è anche molto semplice. A tal proposito, credo fermamente che le cose migliori siano quelle semplici. Personalmente cerco di procedere verso la semplificazione in ognuno degli ambiti professionali o personali a cui mi dedico, cerco di eliminare il superfluo, al fine di focalizzare meglio il problema e ciò che è veramente importante. Come se fossi un giardiniere che pota le piante, eliminando le foglie inutili, per renderle più sane e più belle ma soprattutto per permettere loro di crescere rigogliose.

Sarai d'accordo con me che è meglio semplificarsi la vita che complicarsela. Se non ne sei convinto, pensa alle leggi italiane: non sarebbe meglio avere meno leggi ma più chiare? Invece ne abbiamo molte, anzi moltissime, poco chiare e per di più molto complesse.

Molte volte, tra l'altro, una legge è in contraddizione con un'altra, mettendo ancora più in confusione il legislatore che la produce, il giudice che la applica, le forze dell'ordine che devono farla rispettare e il cittadino che deve seguirla. Insomma, un caos totale.

Chissà mai se si riuscirà a riformare in modo efficace ed efficiente l'enorme quantità di leggi italiane, eliminando quelle inutili e rendendo più semplici le rimanenti.

SEGRETO n. 31: la semplicità è molto meglio della complessità. Applica questo principio a tutti i campi della vita e vedrai che otterrai grandi risultati.

Veniamo, a questo punto, al metodo programmatico cui ti accennavo. Come vedrai, i dati degli esempi sottostanti sono stati tenuti volutamente bassi per rendere più probabile il raggiungimento dell'obiettivo di un guadagno pari a 100.000 euro in un anno.

Il primo giorno, quando avrai deciso di iniziare l'attività di procacciatore d'affari immobiliari, contatta dieci persone che stanno vendendo casa. Questi contatti, fra telefonate ed email, non ti porteranno via più di mezz'ora, forse anche meno.

Fai così ogni giorno per un mese esclusi il sabato, la domenica e i giorni festivi. Avrai contattato circa 200 persone, 200 potenziali clienti.

Poniamo che, tra questi potenziali clienti, uno su dieci accetti la tua proposta di procacciatore d'affari immobiliari. Ora hai dunque 20 clienti. Inizia a pubblicizzare le loro case come ti ho spiegato precedentemente nel dettaglio.

Fai lo stesso per altri due mesi: contatta i proprietari e promuovi le case. Ora hai 60 clienti in tutto e dunque 60 case da vendere. Siccome sono passati tre mesi da quando hai iniziato a pubblicizzare le prime case, a questo punto ne avrai già venduta qualcuna.

Dunque, supponiamo che il terzo mese, oltre a trovare 20 nuovi clienti, tu venda una casa su dieci dei primi 20 clienti che avevi contattato il primo mese. In pratica il terzo mese di attività, oltre a trovare 20 nuovi clienti, avrai venduto due case.

Supponiamo che mediamente percepisci una provvigione del 2,5% perché magari non tutti hanno accettato di darti come provvigione il 3% scegliendo altresì di darti il 2%.

Supponiamo per semplicità che avrai venduto le case in media al prezzo di 200.000 euro l'una. Il 2,5% di 200.000 euro è 5.000 euro. Siccome hai venduto due case hai guadagnato 10.000 euro nel terzo mese della tua attività. Invece, il primo e il secondo mese non hai venduto e quindi non hai guadagnato nulla.

Fai così anche nel corso del quarto mese, ovvero contatta 20 nuovi clienti. Inoltre anche nel quarto mese avrai venduto una casa su dieci dei 20 clienti contattati il secondo mese. Dunque fai altri 10.000 euro che uniti ai 10.000 euro guadagnati durante il terzo mese fanno 20.000 euro.

Procedi allo stesso modo durante il quinto, il sesto, il settimo, l'ottavo, il nono, il decimo, l'undicesimo e il dodicesimo mese. Non ci crederai, ma il totale dei tuoi guadagni sarà di 100.000

euro in un anno.

Teoricamente potresti aver guadagnato anche di più, in quanto più passano i mesi e più è probabile che tu sia riuscito a vendere le rimanenti case dei clienti contattati i primi mesi, ma per semplificare abbiamo supposto che tu venda solamente una casa su dieci clienti che accettano la tua proprosta.

Ricapitolando:

MESE	CONTATTI	CLIENTI	VENDITE	RICAVI	TOTALE
Gen.	200	20	0	0	0
Feb.	200	20	0	0	0
Mar.	200	20	2	10.000	10.000
Apr.	200	20	2	10.000	20.000
Mag.	200	20	2	10.000	30.000
Giu.	200	20	2	10.000	40.000
Lug.	200	20	2	10.000	50.000
Ag.	200	20	2	10.000	60.000
Sett.	200	20	2	10.000	70.000
Ott.	200	20	2	10.000	80.000
Nov.	200	20	2	10.000	90.000
Dic.	200	20	2	10.000	**100.000**

SEGRETO n. 32: per fare 100.000 euro in un anno devi utilizzare un metodo programmatico di contatto, acquisizione, vendita e guadagno.

Dopo il primo anno di attività hai quindi contattato 2.400 persone, hai acquisito 240 clienti, hai venduto 20 case e hai guadagnato 100.000 euro. Immagina cosa puoi fare nel secondo anno di attività e poi nel terzo, nel quarto ecc. Potrai solamente migliorare.

In ogni caso, anche se riuscirai a realizzare solamente la metà del prospetto esposto, saranno comunque 50.000 euro. Ma ricorda che potrebbe anche andarti meglio, in quanto, come accennato prima, questi dati sono a tuo leggero sfavore, dunque è possibile superare il traguardo stabilito, specialmente se ci si crede fermamente.

Dipende solo da te, non pensare che gli altri possano influire sul tuo destino. Attribuire i tuoi successi o i tuoi fallimenti a qualcun altro non ti porterà molto lontano, anzi probabilmente non ti porterà da nessuna parte. Se la pensi così farai zero euro in un anno, altro che 100.000!

Ora confronta per un attimo questa attività e i suoi guadagni con quelli di un lavoro tradizionale. Permettimi di dire che non c'è paragone. Nei lavori normali la maggior parte delle volte purtroppo si viene sfruttati, vessati, non valorizzati e si guadagna pure poco!

Se va bene, a fine mese si porta a casa uno stipendio di 1.200 euro, dopo aver dedicato otto ore al giorno a un lavoro che è diventato una necessità e non una forma di espressione, come invece dovrebbe essere. E non parliamo poi degli straordinari, magari pure pagati male...

La maggior parte della gente infatti si trova nella condizione di dover lavorare, mentre sarebbe molto meglio se volesse farlo. C'è una differenza enorme a parer mio, in quanto si passa da una situazione di costrizione (il dovere) a una di libertà (il volere).

È come essere in prigione invece che volare alti nel cielo. Come topi in gabbia invece che uccelli liberi di volare. Ognuno preferirebbe essere un uccello che vola alto nel cielo fiero di sé. Ognuno vorrebbe essere un'aquila, giusto?

Dunque, confrontando l'orario di lavoro e lo stipendio di un lavoro normale all'orario di lavoro e allo stipendio di un procacciatore d'affari immobiliari, il paragone non regge.

Vince di gran lunga il lavoro di procacciatore d'affari immobiliari, in quanto si lavora un decimo del tempo e si guadagna il decuplo rispetto alla media dei lavori tradizionali.

Ma ricorda, sei tu l'artefice del tuo destino. Non guadagnerai mai 100.000 euro in un anno se tu per primo non credi che questo traguardo sia raggiungibile. Anzi c'è di peggio. Se non credi nelle tue potenzialità, lavorerai il decuplo e guadagnerai un decimo di un lavoro normale! Ricorda, dipende solo da te, da quanto ci credi e da quanto ti impegni.

SEGRETO n. 33: da procacciatore d'affari immobiliari puoi lavorare un decimo ma guadagnare il decuplo rispetto alla media dei lavori normali. Ma ricorda, sei tu l'artefice del tuo destino: dipende solo da te.

RIEPILOGO DEL CAPITOLO 5:

- SEGRETO n. 29: poniti un obiettivo concreto ed effettivamente raggiungibile in un anno e metti in pratica le azioni necessarie per raggiungere questo importante traguardo.
- SEGRETO n. 30: è più probabile riuscire ad avere successo per una persona normale che ha un metodo piuttosto che per un genio che invece ne è privo.
- SEGRETO n. 31: la semplicità è molto meglio della complessità. Applica questo principio a tutti i campi della vita e vedrai che otterrai grandi risultati.
- SEGRETO n. 32: per fare 100.000 euro in un anno devi utilizzare un metodo programmatico di contatto, acquisizione, vendita e guadagno.
- SEGRETO n. 33: da procacciatore d'affari immobiliari puoi lavorare un decimo ma guadagnare il decuplo rispetto alla media dei lavori normali. Ma ricorda, sei tu l'artefice del tuo destino: dipende solo da te.

CAPITOLO 6:
Come distinguere capital gain e procacciamento d'affari

In questo capitolo esamineremo nel dettaglio il capital gain immobiliare confrontandolo con il procacciamento d'affari immobiliari. In particolare, verranno evidenziate alcune situazioni problematiche che possono capitare a chiunque si dedichi a questa professione.

Iniziamo subito col dire che cosa significa "capital gain", queste due strane parole inglesi che tuttavia formano un'espressione molto conosciuta nell'ambito di chi opera a qualunque livello e in qualunque forma nel settore immobiliare.

L'espressione "capital gain" significa "guadagno di capitale" e indica una delle pratiche immobiliari più diffuse al mondo, dopo l'affitto forse la più famosa sia a livello privato che a livello societario.

Capital gain per molti operatori del settore è sinonimo di ricchezza, perché si tratta di una pratica che solitamente consente di fare fortuna nel campo immobiliare. Tra l'altro, come per il procacciamento d'affari immobiliari, non è fondamentale avere una società per fare capital gain. Si può farlo anche da privati: la legge lo consente.

Il meccanismo del capital gain è molto semplice: si acquista un immobile e lo si rivende realizzando un guadagno. In genere tra l'acquisto e la rivendita si modifica l'immobile, ad esempio ristrutturandolo in modo tale da aumentare effettivamente il suo valore di mercato.

Se si rivende l'immobile a un prezzo maggiore rispetto a quello al quale è stato acquistato (comprese le spese accessorie), allora si realizza quella che in gergo viene definita "plusvalenza". Se invece lo si rivende a un prezzo inferiore, sarà invece un caso di "minusvalenza".

Ovviamente se si realizza un capital gain si presuppone di trovarsi di fronte a una plusvalenza, in quanto come dice il termine stesso capital gain significa guadagno di capitale, non perdita di capitale.

Investire negli immobili, quindi il capital gain immobiliare, è una delle strade più battute per accumulare e produrre ricchezza, e si tratta oltretutto di una pratica molto democratica, in quanto può essere condotta a tutti i livelli e da qualunque ceto sociale.

Si può infatti comprare e rivendere tanto un terreno quanto un grattacielo. Le persone abbienti ovviamente sceglieranno la seconda opzione, a meno che il terreno in questione non sia gigante e magari anche edificabile! Tuttavia il meccanismo alla base è uguale: si compra un immobile e lo si rivende.

Nonostante sia fonte di tanta ricchezza, paradossalmente il meccanismo del capital gain è davvero banale: anche un qualsiasi commerciante ogni giorno realizza tanti capital gain, dal momento che acquista una merce a un determinato prezzo e la rivende a un prezzo maggiore, e genera quindi una plusvalenza sull'oggetto acquistato e rivenduto.

Tuttavia da un punto di vista culturale e sociale, mentre il capital gain del commerciante viene "accettato", quello dell'immobiliarista viene invece criticato, poiché inteso come una mera speculazione. La ragione di questa differenza di trattamento risiede forse nel fatto che quest'ultimo ha come oggetto la casa, un bene molto importante soprattutto in Italia, e forse anche nel fatto che le cifre in gioco sono sicuramente notevoli.

Tuttavia il concetto e il meccanismo sono esattamenti gli stessi: si guadagna perché si vende un qualcosa a un prezzo maggiore rispetto a quello al quale lo si è acquistato. Punto.

Dunque, se vogliamo, tutti noi abbiamo già fatto capital gain nella nostra vita, in quanto sicuramente c'è capitato almeno una volta di aver rivenduto un prodotto o un oggetto che avevamo acquistato a un prezzo più basso, magari anni prima.

SEGRETO n. 34: "capital gain" significa "guadagno di capitale" e nel settore immobiliare si realizza acquistando e rivendendo un immobile e realizzando una plusvalenza.

Praticare capital gain, tuttavia, non conduce automaticamente alla ricchezza. D'altronde, non è tutto oro quello che luccica. Infatti il capital gain immobiliare presenta alcune insidie e problemi da evitare e gestire al fine di far risultare la pratica efficace ed efficiente e quindi profittevole. Insidie e problemi possono essere i più vari. Te ne descriverò cinque a titolo di esempio, per farti capire meglio ciò di cui sto parlando.

Nel capital gain il primo problema che può verificarsi è acquistare una casa pensando di fare un affare mentre in realtà la si compra al normale prezzo di mercato oppure addirittura più cara! In questa eventualità, venderla a un prezzo maggiore per guadagnarci un po' sarà estremamente difficile e sicuramente richiederà molto tempo. Infatti, è chiaro che se il prezzo è fuori mercato si avranno davvero tantissime difficoltà nel rivendere un immobile. Il mercato è spietato.

SEGRETO n. 35: uno dei rischi che si corre praticando il capital gain è quello di acquistare una casa pensando di fare un affare e scoprire poi di averla comprata al prezzo di mercato o addirittura di averla pagata anche più del suo effettivo valore.

Altro rischio da tenere presente sono le oscillazioni dei prezzi del mercato immobiliare. In verità, si tratta di un pericolo che si corre più spesso in altri paesi, ad esempio negli Stati Uniti, che proprio di recente sono stati colpiti da una bolla immobiliare che ha dato origine alla crisi finanziaria mondiale tuttora in corso.

Da questo punto di vista quindi l'Italia è più al riparo. Per fortuna. Infatti le oscillazioni dei prezzi degli immobili sono nettamente inferiori, sono più graduali e solitamente avvengono in un'unica direzione e cioè verso l'alto. Infatti, come si sente spesso dire: «Il prezzo delle case aumenta sempre».

Ed è vero. Pensa che nell'ultimo decennio, specialmente a seguito dell'entrata in vigore dell'euro, il prezzo degli immobili è raddoppiato, come è raddoppiato più in generale il costo della vita. Questo a conferma di quanto ho detto nel secondo capitolo del libro, ovvero che il prezzo degli immobili sconta veramente il reale costo della vita.

Il prezzo degli immobili non aumenta a caso, ma secondo la logica della domanda e dell'offerta che alla fine è la legge che regola tutti i mercati del mondo.

Dunque, in sostanza si può comprare un immobile a un prezzo vantaggioso e nello stesso tempo essere vittime di un abbassamento dei prezzi di mercato. In pratica, il tuo conveniente prezzo di acquisto è ora il normale prezzo di vendita, perché tutti gli immobili sono calati di valore.

Per ovviare a questo problema, si può mettere immediatamente in vendita la casa appena comprata e dunque non far trascorrere troppo tempo tra l'acquisto e la vendita. In ogni caso, ricorda quanto ti ho detto prima: l'Italia da questo punto di vista non è un paese a rischio.

SEGRETO n. 36: con la pratica del capital gain può capitare di comprare una casa per una cifra vantaggiosa e subire però un abbassamento del suo valore dovuto alle oscillazioni del prezzo degli immobili.

Ancora, con il capital gain può capitare di "sbagliare" un acquisto e quindi comprare una casa non così commerciale come invece si pensava. Per "commerciale" si intende appetibile dal punto di vista del mercato. In pratica, una casa, un terreno, una villa sono commerciali quando molti compratori sono interessati ad acquistarli.

È chiaro dunque che è sempre meglio comprare immobili che siano più commerciali possibile. A parità di altre condizioni, infatti, più un immobile è commerciale e più sarà facile da vendere. Di converso, meno un immobile è commerciale e più sarà difficile da vendere.

Tieni sempre presente questa caratteristica. Pensa che la "commerciabilità" di un immobile è così importante che è uno dei parametri presenti nelle migliori valutazioni dei professionisti del settore. In genere, tale parametro in queste valutazioni è chiamato "caratteristiche di produttività".

Dunque, in pratica se "sbagli" un acquisto dovrai avere un po' più di pazienza per vendere l'immobile. Ho messo il termine sbagliare tra virgolette perché, dopotutto, un acquisto immobiliare non è mai uno sbaglio per tutta una serie di motivi, uno fra tutti la rivalutazione nel tempo dell'immobile stesso.

SEGRETO n. 37: un altro problema che può verificarsi facendo capital gain è "sbagliare" un acquisto e quindi comprare una casa che non è così commerciale come invece si pensava.

Nel capital gain può poi sempre verificarsi che non si abbiano i soldi per acquistare un immobile; non tutti hanno infatti la liquidità necessaria per comprare anche un semplice bivani.

Per risolvere la questione si potrebbe far ricorso a un mutuo, il tanto famoso mutuo, di cui ci sarebbe tanto da dire. Ho usato il condizionale infatti, in quanto i mutui moltissime volte non costituiscono la soluzione al problema in quanto semplicemente non vengono concessi!

Questo fenomeno riguarda non solo le piccole e medie imprese ma anche i privati cittadini, i quali purtroppo si vedono accendere sempre meno mutui e pignorare sempre più case. Si tratta dunque di un vero e proprio circolo vizioso.

La tendenza a non concedere mutui sta aumentando sempre di più negli ultimi anni, in quanto gli istituti di credito, nonostante la grande liquidità immessa dalle relative banche centrali, temono che scoppino nuove bolle immobiliari e dunque non vogliono prestare soldi.

È da notare che uso volutamente l'espressione "non vogliono", dal momento che si tratta di una scelta che dipende solo da loro. Anzi, paradossalmente le banche vengono incoraggiate a prestare soldi, ma ciò nonostante sono riluttanti.

Si potrebbe dire quasi che non facciano il loro lavoro, in quanto sono pur sempre istituti di credito. Sono state create proprio per questo scopo. Sono nate apposta per prestare soldi, eppure spesso lo si dimentica.

SEGRETO n. 38: può anche capitare, facendo capital gain, di essere costretti ad avere molti soldi per acquistare un immobile.

Infine, può accadere che si guadagni meno del previsto. Infatti succede molto spesso che in questo settore si facciano male i calcoli, perché si sogna sempre di guadagnare ingenti quantità di denaro dalla vendita di un immobile.

Molto dipende dal fatto che quando si vende casa si pensa di fare il colpo della vita, un po' come quando si gioca al Superenalotto. Nella realtà gli affari non sempre vanno così bene, e molti che si cimentano nel capital gain a un certo punto smettono perché vedono che le cose sono più complicate del previsto e non ottengono i risultati sperati.

Si rischia di guadagnare meno del previsto anche perché a volte si spende più del previsto. L'esempio classico, a questo proposito, è la ristrutturazione di una casa.

Il 95% delle volte, infatti, i costi finali di ristrutturazione sono maggiori di quelli preventivati all'inizio. E non parlo solo di scarti di poco conto, bensì di migliaia di euro!

Questo accade o per furberia di chi effettua i lavori oppure perché oggettivamente durante la ristrutturazione sorgono dei problemi o vanno apportati dei cambiamenti al progetto originale che non si potevano prevedere.

Si tratta di situazioni che si verificano non solo in Italia, ma anche negli altri paesi. Basta guardare su Sky i canali tv immobiliari, come ad esempio il canale 418 Leonardo, e le varie trasmissioni che si occupano dei lavori di ristrutturazione delle case. Insorgono sempre degli imprevisti e alla fine si spende di più!

Dopo aver analizzato i rischi che si corrono praticando capital gain nel settore immobiliare, è opportuno precisare che nel procacciamento d'affari immobiliari tutti questi problemi non possono verificarsi, in quanto fondamentalmente non sei tu a comprare casa e a rivenderla e dunque non sei tu a rischiare in prima persona di:

- comprare un immobile più caro;
- subire un oscillazione dei prezzi di mercato;
- comprare un immobile poco commerciale;
- essere costretto ad avere molti soldi per acquistare un immobile;
- guadagnare meno del previsto.

SEGRETO n. 39: nel procacciamento d'affari immobiliari non sei tu a rischiare in prima persona. Questo elimina i vari problemi che puoi incontrare facendo invece capital gain immobiliare.

Evitare di correre tutti questi poco rischi è un vantaggio non da poco. Eliminare tutti questi cinque problemi è l'ennesimo beneficio che ha chi sceglie di percorrere la strada del procacciatore d'affari immobiliari.

Inoltre, eliminando i problemi descritti, si tiene fede alla filosofia su cui si basa tutto il libro, che suggerisce di impostare, avviare e migliorare un'attività lavorativa a costo zero. Ricorda sempre che se nella tua attività non hai delle spese, molto probabilmente non corri neanche alcun rischio.

E soprattutto tieni sempre presente che purtroppo le cose non sempre procedono come si spera che vadano. A volte sognare è importante perché ti dà la carica giusta per raggiungere l'obiettivo che ti sei prefissato. Ma se sogni troppo, l'immaginazione rischia di essere controproducente.

Come dicevano gli antichi latini: «*In medio stat virtus*», "la virtù sta nel mezzo", dunque sempre meglio non esagerare. Mi verrebbe da dire che bisogna "mediare" le cose, ma dopotutto non sei un mediatore bensì un procacciatore d'affari immobiliari!

SEGRETO n. 40: ricorda sempre che zero spese equivale a zero rischi.

RIEPILOGO DEL CAPITOLO 6:

- SEGRETO n. 34: "capital gain" significa "guadagno di capitale" e nel settore immobiliare si realizza acquistando e rivendendo un immobile e realizzando una plusvalenza.
- SEGRETO n. 35: uno dei rischi che si corre praticando il capital gain è quello di acquistare una casa pensando di fare un affare e scoprire poi di averla comprata al prezzo di mercato o addirittura di averla pagata anche più del suo effettivo valore.
- SEGRETO n. 36: con la pratica del capital gain può capitare di comprare una casa per una cifra vantaggiosa e subire però un abbassamento del suo valore dovuto alle oscillazioni del prezzo degli immobili.
- SEGRETO n. 37: un altro problema che può verificarsi facendo capital gain è "sbagliare" un acquisto e quindi comprare una casa che non è così commerciale come invece si pensava.
- SEGRETO n. 38: può anche capitare, facendo capital gain, di essere costretti ad avere molti soldi per acquistare un immobile.
- SEGRETO n. 39: nel procacciamento d'affari immobiliari non sei tu a rischiare in prima persona. Questo elimina i vari

problemi che puoi incontrare facendo invece capital gain immobiliare.

- SEGRETO n. 40: ricorda sempre che zero spese equivale a zero rischi.

CAPITOLO 7:
Come imparare i trucchi del mestiere

In questo capitolo esamineremo nel dettaglio molti trucchi di questo lavoro, in modo tale che tu possa utilizzarli a tuo favore per essere più professionale ed evitare gli sbagli e gli errori tipici di chi è alle prime armi.

Ti fornirò, in pratica, quella esperienza che ovviamente tu ancora non possiedi perché non hai mai esercitato in vita tua la professione di procacciatore d'affari immobiliari, un lavoro, come avrai capito, davvero stupendo.

Il primo trucco del mestiere che ti insegnerò riguarda la lettera di incarico immobiliare, della quale abbiamo già parlato nel terzo capitolo. Questa lettera, come ti ho già spiegato, è quella che conferisce l'incarico immobiliare e può essere in esclusiva o in non esclusiva.

Se è "in esclusiva" significa che il proprietario non può vendere l'immobile autonomamente o tramite l'aiuto di terzi, agenzie e mediatori compresi. Significa in sostanza che solo tu puoi trovare un acquirente per l'immobile.

Se invece è "in non esclusiva" allora il venditore può provvedere da sé o ricorrere all'aiuto di agenzie o di altri mediatori per vendere l'immobile. In questo caso quindi non sei l'unico a poter trovare chi comprerà l'immobile.

Dunque, ricapitolando, la lettera di incarico immobiliare conferisce un incarico che può essere o in esclusiva oppure in non esclusiva. Sono le due uniche possibilità, non ci sono altre alternative.

SEGRETO n. 41: l'incarico conferito al procacciatore d'affari immobiliari dalla lettera di incarico può essere in esclusiva oppure in non esclusiva.

Il mio suggerimento è di accettare sia gli incarichi in esclusiva che gli incarichi in non esclusiva. Accettando infatti anche gli incarichi in non esclusiva avrai più immobili nel tuo portafoglio e inizierai a instaurare più rapporti personali con i vari proprietari.

Tra l'altro, può capitare che un incarico in non esclusiva si trasformi in un incarico in esclusiva perché magari il proprietario ha capito che sei una persona valida e ha notato la tua abilità e la tua professionalità. Dunque, la sfiducia iniziale si trasforma grazie alle tue doti in fiducia finale.

Inoltre, come ho scoperto nel corso della mia esperienza, la maggior parte delle agenzie immobiliari accetta incarichi in non esclusiva. Se lo fanno loro allora puoi senz'altro farlo anche tu. Inoltre, anche le poche agenzie immobiliari che non accettano incarichi in non esclusiva almeno una volta, in passato, li hanno presi.

Tieni presente infatti che avere più case da vendere fa sì che gli acquirenti ti chiamino di più e dunque puoi far incontrare meglio la domanda con l'offerta, perché hai più venditori e più acquirenti. Più case vuol dire più chiamate, più chiamate vuol dire più vendite.

Ti faccio un esempio per farti capire meglio quanto è importante questo concetto. Supponiamo, ad esempio, che tu abbia da poco accettato un incarico in non esclusiva per un bivani in una ipotetica via Roma della tua città. Un giorno ricevi questa chiamata:

Sig.ra Rossi: «Pronto, sono la sig.ra Rossi. La chiamo per il bivani in via Garibaldi che sta vendendo. Mi può dare qualche informazione in più?»

Tu: «Mi spiace, signora, ma il bivani è stato già venduto. Però ne ho da poco un altro molto bello in via Roma, le può andare bene lo stesso?»

Sig.ra Rossi: «Sì, certo, grazie. Quando posso vederlo?»

Ecco, se non avessi accettato l'incarico in non esclusiva per il bivani di via Roma non avresti mai potuto proporlo alla signora in questione.

Può anche accadere il contrario, e cioè che ti chiamino per vedere una casa della quale hai un incarico in non esclusiva e poi alla fine a quella stessa persona vendi una casa della quale hai l'incarico in esclusiva.

Se non avessi accettato l'incarico in non esclusiva non avresti messo la pubblicità di quella casa, non ti avrebbero chiamato e quindi probabilmente non avresti ancora venduto l'altra casa della quale invece hai l'incarico in esclusiva.

Come vedi, i due tipi di incarichi interagiscono bene fra di loro e servono fra le altre cose anche per attirare più potenziali acquirenti e venditori. Questo alla lunga instaura un circolo virtuoso che ti porta a vendere più immobili.

SEGRETO n. 42: un buon procacciatore d'affari immobiliari accetta sia gli incarichi in esclusiva che gli incarichi in non esclusiva. Instaura così un circolo virtuoso che gli permetterà di vendere più immobili.

Un altro trucco del mestiere da tenere presente riguarda la collaborazione con le agenzie immobiliari di zona. Premesso sempre che il procacciatore d'affari lavora in modo autonomo e non per un'agenzia e dunque non è alle dipendenze di nessuno, in ogni caso è meglio collaborare con le varie agenzie quando si presenta un'occasione di incontro lavorativo.

Per "occasione di incontro lavorativo" si intende la situazione in cui, ad esempio, il procacciatore d'affari ha un venditore che sta vendendo un trivani da ristrutturare in centro e l'agenzia in questione ha un acquirente che cerca esattamente quel tipo di immobile. In questo caso, come vedi, l'abbinamento è evidente, l'incastro è perfetto. Ecco come si fa incontrare la domanda con l'offerta.

Il procacciatore può accordarsi con l'agenzia in questo modo: la provvigione del venditore spetta a lui e quella dell'acquirente spetta invece a loro. In pratica, ognuno si prende la provvigione della figura (acquirente o venditore) che ha portato nell'affare.

SEGRETO n. 43: la collaborazione con le agenzie immobiliari di zona può risultare molto utile per vendere un immobile quando si presenta una occasione di incontro lavorativo.

È sempre meglio far mettere nero su bianco qualsiasi accordo e dunque anche quello con un'agenzia immobiliare. Il procacciatore può quindi rivolgersi direttamente a loro per avere o farsi preparare il modulo che sancisce la collaborazione per un determinato immobile.

Tuttavia, a volte le agenzie e i loro agenti immobiliari tendono a fare i furbi. Quindi se non ci si fida completamente del modulo che hanno preparato, ci si può documentare e chiedere un parere a esperti in materia.

Altro aspetto da non trascurare è la formazione: per affrontare bene questo lavoro è indispensabile formarsi da un punto di vista tecnico. Bisogna sapere, ad esempio, cosa sono le categorie catastali, come funziona la vendita di una casa, i prezzi del mercato ecc. Le informazioni di cui essere al corrente non sono tantissime, ma su di esse non si può sorvolare.

Ho inserito la formazione tra i trucchi del mestiere in quanto non è per niente scontato che un procacciatore d'affari si prepari per vendere un immobile. Chi lo fa sarà sicuramente una spanna sopra, gli altri faranno parte di una massa indistinta di operatori del settore.

Un buon punto di partenza per formarsi può essere internet. Esistono infatti molti siti di settore in cui consultare articoli, apprendere informazioni e notizie, leggere approfondimenti e forum ecc. Uno di questi è il sito www.borsaeimmobili.com, su cui si possono trovare prodotti, libri, articoli e quant'altro sia necessario a formarsi nel campo immobiliare e borsistico, al fine di ottenere l'indipendenza economica prima e la ricchezza poi.

SEGRETO n. 44: per lavorare come procacciatore d'affari immobiliari è molto importante essere preparati dal punto di vista tecnico. La formazione può essere davvero l'elemento che fa la differenza.

Altro dettaglio indispensabile per vendere un immobile presto e bene sono le fotografie. Le foto sono molto importanti tant'è che un annuncio senza foto viene cliccato in media sette volte meno rispetto a uno con le foto. Dunque è fondamentale inserire nell'annuncio di vendita almeno un'immagine. Personalmente ti consiglio di pubblicarne almeno una e massimo cinque, l'ideale sarebbero tre.

È importante infatti anche non esagerare con la pubblicazione delle foto, soprattutto perché devi suscitare interesse verso l'immobile che vendi, cioè devi far sì che il potenziale acquirente ti chiami per visitarlo. Svelare subito tutti i dettagli pubblicando le foto di ogni singolo angolo della casa è controproducente: i clienti non ti chiameranno, poiché in pratica l'avranno già visitata.

Il compito del procacciatore d'affari è quello di catturare il potenziale acquirente: una volta che l'avrà conosciuto, potrà infatti proporgli altre case se quella che ha visitato non gli piace. Ma se non c'è il contatto, è impossibile che ci sia la conoscenza e quindi non gli si possono proporre altre case!

Al contrario, quando si fanno le fotografie dell'immobile, se ne possono scattare quante si crede per poi scegliere le migliori da pubblicare. Quando invece queste vengono allegate all'annuncio, meglio seguire la filosofia opposta, ovvero "poche ma buone".

Le foto, come avrai capito, servono solamente per dare un'idea parziale della casa. Affinché questa diventi globale bisogna che l'appartamento venga visitato. Considera inoltre che molto spesso le case sono diverse da come ci si aspetta, proprio perché la descrizione dell'annuncio e le foto forniscono solo una prospettiva parziale.

Dunque, ad esempio, ci si aspetta che la casa sia più grande, che gli ambienti siano divisi in maniera diversa, che siano più luminosi ecc. Come avrai capito, è fondamentale scrivere l'annuncio nella maniera più oggettiva possibile e non esagerare con le foto.

SEGRETO n. 45: è importante non esagerare con la pubblicazione delle foto, soprattutto perché bisogna suscitare l'interesse per l'immobile in vendita. L'annuncio deve stimolare l'appetito, non saziare.

C'è poi un altro punto da sottolineare, ovvero il fatto che il procacciatore d'affari prende come provvigione una percentuale unicamente dal venditore e non anche dall'acquirente.

Evidenziare questo dettaglio, a parità di tutte le altre condizioni, lo porterà a sembrare più simpatico e per certi versi anche più onesto. Sicuramente verrà percepito come una persona non avida, non attaccata ai soldi.

Non c'è bisogno di precisare che per legge non si può percepire la provvigione dalla parte acquirente, ai compratori non importa. Quello che alla gente interessa è pagare il meno possibile!

In ogni caso, invece, se l'acquirente non paga la provvigione, a parità di tutto, è più disposto a comprare un immobile, perché ha già talmente tante spese accessorie che non vede l'ora di eliminarne una, se possibile.

SEGRETO n. 46: il procacciatore d'affari deve sottolineare il fatto che come provvigione prende la percentuale unicamente dal venditore e non anche dall'acquirente. In questo modo risulterà più simpatico e sembrerà anche più disinteressato.

Si trasforma così quello che apparentemente è uno svantaggio in un vantaggio: in pratica l'immobile sarà venduto prima, perché l'acquirente avrà meno spese accessorie da pagare.

È proprio così che fanno i veri manager: trasformano una situazione negativa in una positiva. Per questo è importante vedere sempre il bicchiere mezzo pieno e non mezzo vuoto. Considerare il lato positivo delle cose ci porta a trovare una soluzione efficace ed efficiente al problema.

Quanto al tipo di immobili di cui è preferibile occuparsi, il mio suggerimento è preferire i bivani e i trivani residenziali. Queste due categorie sono infatti ai giorni nostri quelle più compravendute in Italia, di conseguenza anche le più richieste.

Per "residenziale" si intende un immobile adibito ad abitazione e in genere la sua categoria catastale è A2 (abitazioni civili) o A3 (abitazioni economiche). Sto parlando quindi dei comuni appartamenti condominiali italiani, nulla di strano.

I bivani e i trivani residenziali sono i più compravenduti perché sono a misura di single o di piccola famiglia. Inoltre, dal momento che il prezzo degli immobili è sempre in aumento, spesso sono una necessità, diventano quindi uno stile di vita.

SEGRETO n. 47: è consigliabile prendere in incarico prevalentemente i bivani e i trivani residenziali, gli immobili più compravenduti in Italia (senza comunque tralasciare le altre tipologie).

Scordiamoci i pentavani e gli esavani tipici degli anni del boom economico, che hanno fatto la fortuna di molti costruttori. Al giorno d'oggi i costruttori stessi non progettano più case così grandi. Come vedi, i tempi cambiano, ed è indispensabile stare al passo.

Per te quindi è importante prendere prevalentemente in incarico i bivani e i trivani residenziali proprio perché sono gli immobili più richiesti, per cui troverai un acquirente molto più in fretta. Considera inoltre che gli immobili residenziali si vendono più di quelli commerciali (categoria C1) e degli uffici (categoria A10).

Ovviamente questo non significa che devi tralasciare le altre tipologie di immobili siano essi uffici, locali o quadrivani, pentavani ecc. in quanto anche quelli sono immobili da vendere, anche quelli ti daranno la provvigione e, inoltre, è sempre meglio avere nel proprio portafoglio diverse tipologie di immobili da proporre ai potenziali acquirenti.

Molto importante, poi, è fare alcuni controlli prima di prendere in incarico un immobile. Bisogna accertare sostanzialmente due cose: chi è il proprietario o chi sono i proprietari dell'immobile e se l'immobile ha qualche problema, come ad esempio degli abusi edilizi pendenti.

Ti consiglio vivamente di fare i dovuti accertamenti, per evitare che in corso di vendita sorgano dei problemi. Se infatti durante la trattativa salta fuori che l'immobile non si può vendere perché magari c'è un abuso edilizio allora tutti i tuoi sforzi per piazzarlo saranno stati vani.

Dunque, fai questi due piccoli controlli ed eviterai stress, frustrazioni e delusioni, che invece sicuramente proveresti nel caso in cui non vendessi l'immobile a causa di un problema tecnico o perché magari la moglie di chi ti ha dato l'incarico non è d'accordo alla vendita.

Se non vendi un immobile a causa di un problema, avrai speso tempo e soldi inutilmente per pubblicizzare l'immobile, per farlo visitare e per condurre la trattativa. Tutto questo, ripeto, per una casa, una villa, un terreno che non si può vendere. Se quindi non vuoi sprecare il tuo denaro ma soprattutto il tuo tempo prezioso, prima di dedicarti a un qualsiasi immobile accertati che questo non abbia dei problemi.

Per fare i controlli del caso, bisogna andare presso gli uffici del Comune in cui è ubicato l'immobile. In pratica, devi controllare il progetto depositato e verificare che non ci siano difformità rispetto a quello esistente.

Ovviamente, come detto precedentemente, devi anche accertare chi sia il proprietario dell'immobile. Questo è un punto da non sottovalutare: molto spesso ci sono delle eredità aperte, delle comproprietà o delle comunioni di beni, quindi per vendere devono effettivamente firmare tutti i proprietari, non solo quello che l'ha messo in vendita.

Nel caso in cui ci si trovi in situazioni del genere, pertanto, è opportuno essere sicuri che tutti siano d'accordo. Se invece c'è solo un proprietario, accertati che tutta la documentazione relativa sia corretta!

Per effettuare queste verifiche bisogna recarsi alla Pubblicità Immobiliare dell'Agenzia del Territorio. Lì sarà possibile controllare che il proprietario dell'immobile che risulta alla Pubblicità Immobiliare sia lo stesso che ti vuole dare l'incarico. Lo stesso discorso vale in caso di più proprietari. Ricorda: devono firmare tutti!

SEGRETO n. 48: fai dei controlli prima di prendere in incarico un immobile. Recati al Comune di riferimento per controllare che l'immobile non abbia problemi, poi recati alla Pubblicità Immobiliare dell'Agenzia del Territorio per controllare di chi è la proprietà.

RIEPILOGO DEL CAPITOLO 7:

- SEGRETO n. 41: l'incarico conferito al procacciatore d'affari immobiliari dalla lettera di incarico può essere in esclusiva oppure in non esclusiva.
- SEGRETO n. 42: un buon procacciatore d'affari immobiliari accetta sia gli incarichi in esclusiva che gli incarichi in non esclusiva. Instaura così un circolo virtuoso che gli permetterà di vendere più immobili.
- SEGRETO n. 43: la collaborazione con le agenzie immobiliari di zona può risultare molto utile per vendere un immobile quando si presenta una occasione di incontro lavorativo.
- SEGRETO n. 44: per lavorare come procacciatore d'affari immobiliari è molto importante essere preparati dal punto di vista tecnico. La formazione può essere davvero l'elemento che fa la differenza.
- SEGRETO n. 45: è importante non esagerare con la pubblicazione delle foto, soprattutto perché bisogna suscitare l'interesse per l'immobile in vendita. L'annuncio deve stimolare l'appetito, non saziare.
- SEGRETO n. 46: il procacciatore d'affari deve sottolineare il fatto che come provvigione prende la percentuale unicamente

dal venditore e non anche dall'acquirente. In questo modo risulterà più simpatico e sembrerà anche più disinteressato.

- SEGRETO n. 47: è consigliabile prendere in incarico prevalentemente i bivani e i trivani residenziali, gli immobili più compravenduti in Italia (senza comunque tralasciare le altre tipologie).
- SEGRETO n. 48: fai dei controlli prima di prendere in incarico un immobile. Recati al Comune di riferimento per controllare che l'immobile non abbia problemi, poi recati alla Pubblicità Immobiliare dell'Agenzia del Territorio per controllare di chi è la proprietà.

Conclusione

Siamo giunti alla conclusione del libro *Il Procacciatore d'Affari Immobiliari* e quindi grazie davvero per avermi seguito in questo percorso.

Spero che l'ebook ti abbia regalato le competenze tecniche e umane necessarie per avviare questa fantastica attività a costo zero. Ricorda infatti che qualsiasi azienda e quindi qualsiasi attività ha una componente umana e una componente tecnica e che sono entrambe necessarie per il successo.

Mi auguro davvero che col tempo tu possa sviluppare questa attività facendola crescere fino a creare magari un giorno addirittura un franchising immobiliare!

Ricorda comunque che il successo dipende solo da te e dal tuo lavoro. Infatti se non applicherai diligentemente quanto ho scritto in questo libro otterrai pochi risultati e dopo un po' lascerai perdere. Per ottenere il massimo da questa attività, è indispensabile impegnarsi al mille per cento. Potrai così realizzare i tuoi sogni personali, sociali, lavorativi ed economici.

Ricorda che è proprio questo il segreto di ogni attività. La differenza la facciamo noi, non il lavoro che scegliamo. Se basta un singolo problema a volte per far fallire una grande azienda, figuriamoci per le attività più modeste.

Dunque, ricorda, sei tu con le tue scelte l'artefice del tuo destino. Non credere che tutto sia già stabilito. In ogni caso, anche se la sorte fosse già scritta, in mano hai una gomma per cancellare il tuo futuro e una penna indelebile per riscriverlo come vuoi tu!

Puoi dunque cambiare il tuo destino semplicemente con le tue azioni. Non incolpare gli altri e non pensare che possano influire sulla tua vita. Ricorda che le persone di successo si attribuiscono la responsabilità degli eventi, siano essi positivi o negativi. Significa che sono convinte di poter agire sul loro destino.

Ricorda anche che, per qualsiasi dubbio o suggerimento, puoi scrivermi visitando il sito www.borsaeimmobili.com. Sono a tua disposizione e attendo numerose email dei lettori!

Vorrei ora salutarti con un'espressione che si usa nei corsi di laurea prima di un esame e che sicuramente sarà di buon auspicio anche per la tua nuova attività di procacciatore d'affari immobiliari...

In bocca al lupo!
Giacomo De Carlo

www.ingramcontent.com/pod-product-compliance
Ingram Content Group UK Ltd.
Pitfield, Milton Keynes, MK11 3LW, UK
UKHW022020190726
13853UKWH00005B/2021